Audiências de custódia:
percepções morais sobre violência policial e quem é vítima

Ana Luíza Villela de Viana Bandeira

Copyright © 2020 by Editora Letramento

DIRETOR EDITORIAL | Gustavo Abreu
DIRETOR ADMINISTRATIVO | Júnior Gaudereto
DIRETOR FINANCEIRO | Cláudio Macedo
LOGÍSTICA | Vinícius Santiago
COMUNICAÇÃO E MARKETING | Giulia Staar
EDITORA | Laura Brand
ASSISTENTE EDITORIAL | Carolina Fonseca
DESIGNER EDITORIAL | Gustavo Zeferino e Luís Otávio Ferreira
CAPA | Guilherme Rizzatti Franco de Lima
REVISÃO | LiteraturaBr Editorial
DIAGRAMAÇÃO | Isabela Brandão

CONSELHO EDITORIAL | Alessandra Mara de Freitas Silva; Alexandre Morais da Rosa; Bruno Miragem; Carlos María Cárcova; Cássio Augusto de Barros Brant; Cristian Kiefer da Silva; Cristiane Dupret; Edson Nakata Jr; Georges Abboud; Henderson Fürst; Henrique Garbellini Carnio; Henrique Júdice Magalhães; Leonardo Isaac Yarochewsky; Lucas Moraes Martins; Luiz Fernando do Vale de Almeida Guilherme; Nuno Miguel Branco de Sá Viana Rebelo; Renata de Lima Rodrigues; Rubens Casara; Salah H. Khaled Jr; Willis Santiago Guerra Filho.

Todos os direitos reservados.
Não é permitida a reprodução desta obra sem aprovação do Grupo Editorial Letramento.

Dados Internacionais de Catalogação na Publicação (CIP) de acordo com ISBD

B214a	Bandeira, Ana Luíza Villela de Viana
	Audiências de custódia: percepções morais sobre violência policial e quem é vítima / Ana Luíza Villela de Viana Bandeira. - Belo Horizonte : Casa do Direito, 2020.
	202 p. ; 15,5cm x 22,5cm.
	Inclui bibliografia, índice e anexo.
	ISBN: 978-65-86025-54-5
	1. Direito penal. 2. Audiência de custódia. 3. Violência policial. I. Título.
	CDD 345
	CDU 343
2020-2115	

Elaborado por Odilio Hilario Moreira Junior - CRB-8/9949

Índice para catálogo sistemático:
1. Direito penal 345
2. Direito penal 343

Belo Horizonte - MG
Rua Magnólia, 1086
Bairro Caiçara
CEP 30770-020
Fone 31 3327-5771
contato@editoraletramento.com.br
editoraletramento.com.br
casadodireito.com

Casa do Direito é o selo jurídico do
Grupo Editorial Letramento

Eu dedico este livro aos meus pais, que se foram
cedo demais, mas que deixaram impressos em mim
o amor que preciso para seguir vivendo.

7 APRESENTAÇÃO (COM AGRADECIMENTOS)

15 INTRODUÇÃO

25 CAPÍTULO I AS AUDIÊNCIAS DE CUSTÓDIA

25 1. CRIAÇÃO E OBJETIVOS

30 2. CONSTRUÇÃO DE UMA DINÂMICA NA CAPITAL PAULISTA

   33 No Fórum Criminal da Barra Funda

   35 A estrutura física das audiências de custódia

   36 (i) As salas

   38 (ii) Instituto Médico Legal (IML)

   40 (iii) Cartório

   40 (iv) Corredores

   42 (v) Banco de espera

   43 (vi) Central de Alternativas Penais e Inclusão Social (CEAPIS)

45 3. A ESTRUTURA CRIADA PARA OS CASOS DE VIOLÊNCIA POLICIAL

48 4. DEBATES E DISPUTAS

   48 O IDDD e as outras organizações da sociedade civil

   51 O debate na grande mídia

57 CAPÍTULO II O CAMPO JURÍDICO-ANTROPOLÓGICO

57 1. A "PASSAGEM" DA SOCIEDADE CIVIL PARA A ACADEMIA

59 2. O(S) *CAMPO(S)* DAS AUDIÊNCIAS DE CUSTÓDIA:

64 3. CONSTRUINDO PONTES ENTRE O DIREITO
     E A ANTROPOLOGIA, NA PRÁTICA

73 4. MATERIAIS DISPONÍVEIS E RECORTE ETNOGRÁFICO

   74 (i) Meus cadernos de campo "livres"

   74 (ii) Os formulários para a coleta de dados

   75 (iii) Os vídeos das audiências

   76 (iv) Recorte etnográfico

79   CAPÍTULO III OS CASOS ETNOGRÁFICOS

79   1. CINCO AUDIÊNCIAS DE CUSTÓDIA: POR QUE ESSAS?

82   Sobre o dever de sigilo

83   Vídeos e recortes

85   Escolhas do texto etnográfico

88   2. CASO ROBSON OU "O USUÁRIO DE CRACK"

97   3. CASO FLÁVIO OU "O BALEADO"

103   4. CASO LUANA OU "A MULHER TRANS"

110   5. CASO CARLA OU "A ROLETA-RUSSA"

117   6. CASO DANILO OU "O LAVA-JATO"

129   CAPÍTULO IV QUEM É VÍTIMA

129   1. ESCUTA SELETIVA

139   2. SILENCIAMENTOS

147   3. PERGUNTA E DESCONFIANÇA

155   4. QUEM É *VÍTIMA*?

159   5. PERCEPÇÕES DE SOFRIMENTO NAS MARGENS DO ESTADO

171   CONCLUSÃO

181   REFERÊNCIAS BIBLIOGRÁFICAS

189   ANEXO I TERMO O DE CESSÃO DE DADOS DE PESQUISA DO IDDD PARA A PESQUISADORA

191   ANEXO II FORMULÁRIO PARA OBTENÇÃO DE DADOS EM AUDIÊNCIAS DE CUSTÓDIA

195   ANEXO III FORMULÁRIO PARA OBTENÇÃO DE DADOS SOBRE INQUÉRITO POLICIAL E ENCAMINHAMENTOS

APRESENTAÇÃO (COM AGRADECIMENTOS)

Este livro é resultado de uma pesquisa antropológica sobre a implementação das chamadas "audiências de custódia" em São Paulo. Realizo aqui uma tentativa de dar sentido à minha experiência como pesquisadora, depois que acompanhei 692 pessoas presas em flagrante, e o que eu ouvi ao longo do trabalho de campo. Nessas páginas, apresentadas primeiro como uma dissertação de mestrado, há uma ideia sobre como se constrói o conceito de uma vítima de violência policial para o Poder Judiciário paulista.

Em 2018, algumas mudanças na coordenação do Departamento de Inquéritos Policiais de São Paulo (DIPO) impactaram significantemente na forma com que são encaminhados os relatos de maus tratos policiais em audiências. Ao retornar ao texto agora, com o objetivo de publicar pela Editora Letramento, percebi que algumas considerações devem ser feitas, não só para atualizar o leitor quanto ao que está acontecendo nos dias de hoje, mas principalmente porque alguns apontamentos que, à época me pareceram pessimistas, infelizmente surpreenderam até o mais descrente dos pesquisadores.

A primeira mudança sensível foi a troca na equipe de juízes designados a atuar nessas audiências, que seguiram uma mudança do Tribunal de Justiça de São Paulo nos cargos de comando de algumas unidades judiciárias. Algumas pessoas podem pensar que a troca dos juízes teria pouco impacto em uma estrutura institucional, já que as regras para as audiências continuaram sendo essencialmente as mesmas. A segurança jurídica e a imparcialidade dos juízes são argumentos comumente evocados por quem se contrapõe à ideia de que o funcionamento do Poder Judiciário também é resultado de escolhas e embates políticos.

O resultado dessa troca de gestão apresentou ao DIPO um novo perfil de magistrados, com uma abordagem *mais conservadora* do que os que foram acompanhados no começo da pesquisa. Eu poderia usar aqui o termo "punitivista", mas acredito que isso simplificaria a complexidade das reações pessoais que se desenrolam ao longo de uma audiência de custódia. Como explico nos capítulos do livro, há formas de comunicação expressos durante a audiência que desafiam classificações comuns, como por exemplo a existência de juízes "garantistas" que humilhavam os presos verbalmente, porém decidiam pela liberdade provisória, o que, a meu ver, separa a personalidade do juiz da sua decisão jurídica.

O que passou a acontecer, a partir da troca, foi um impacto concreto e mensurável: as taxas de prisão provisória das audiências de custódia subiram de 53% para 65%[1], alguns projetos importantes de assistência social que estavam em andamento foram desmobilizados e, por fim, o Departamento especializado em violência policial foi desativado. As audiências de custódia deixaram de ser um espaço de construção de algo novo e, cada vez mais, se consolidam como uma reprodução fiel do restante do sistema de justiça criminal.

A despeito da violência policial em específico, a promulgação da Lei nº 13.491/2017 que alterou a competência dos crimes cometidos por militares para a Justiça Militar e não mais a Justiça Comum[2], foi usada como justificativa para que o então DIPO 5 deixasse de receber os ofícios que eram expedidos quando a pessoa custodiada relatava algum tipo de violência em audiência, como está detalhadamente explicado no capítulo I do presente livro. Agora, quando há algum relato de violência, apesar de ser ainda mais raro que alguém levante tal questão durante a audiência, os juízes enviam um procedimento diretamente à

---

1 Comparação entre os dois relatórios do Instituto de Defesa do Direito de Defesa: o de 2017, que participei como pesquisadora ("Monitoramento das audiências de custódia, 2017), e o mais recente, publicado em 2019 ("O Fim da Liberdade", Instituto de Defesa do Direito de Defesa, 2019, p. 85).

2 A Lei 13.491, promulgada ainda durante o Governo do Presidente Michel Temer, tinha como objetivo criar um salvo-conduto para as operações das intervenções militares decretadas no estado do Rio de Janeiro. Desde então, a Lei recebeu duras críticas, inclusive com dois pareces da Procuradoria Geral da República a favor da declaração da inconstitucionalidade, nas ADI nº 5804/RJ e ADI nº 5901/DF, que ainda não foram julgadas pelo Supremo Tribunal Federal.

Justiça Militar ou às Corregedorias de Polícia e tal averiguação já não é mais acessada pelos operadores das audiências[3].

Além do efeito prático de retirar do controle do Poder Judiciário as investigações das denúncias de maus tratos policias, há um efeito simbólico profundo nessa mudança: um dos objetivos declarados e reforçados das audiências, que era o de realizar um encontro pessoal com a pessoa presa em flagrante para buscar marcas de agressões e, com isso, tornar central a preocupação com a atividade da polícia, desaparece do horizonte. A audiência de custódia se aproxima cada vez mais de ser meramente um instrumento pré-processual, burocratizado, voltado exclusivamente para averiguar condições de moradia e de trabalho, chancelando sem restrições a atuação da polícia, do que, de fato, uma possibilidade jurídica de "humanização do processo penal".

O impacto da troca de gestão foi sentido também no acesso às audiências. A pesquisa que eu realizei, à época contratada por uma organização da sociedade civil para atuar em parceria com o Conselho Nacional de Justiça, me permitiu acompanhar as audiências, que eram públicas, conversar com os operadores e circular pela então estrutura montada para as audiências, no Fórum da Barra Funda. Desde 2018, no entanto, pesquisadores precisam de autorização formal para acompanhar as audiências e, em algumas oportunidades, são impedidos ou constrangidos a não permanecerem nas salas. O "medo da pesquisa" certamente impediria que eu realizasse o mesmo acompanhamento nos dias de hoje.

Com a aprovação do Pacote Anticrime (Lei 13.964 de 2019), as audiências de custódia foram incluídas no Código de Processo Penal e definiu-se o prazo legal de 24 horas para a apresentação da pessoa presa em flagrante. O Conselho Nacional de Justiça vem se preocupando em realizar um monitoramento fiel das audiências, criando inclusive o SISTAC (Sistema Audiências de Custódia)[4], que relevou um aumento

---

3 É importante ressaltar que esse mecanismo não está regulamentado ou explicado em nenhum documento público, até o dia de hoje. As informações coletadas sobre os novos procedimentos feitos em audiência de custódia são de entrevistas realizadas com alguns operadores que seguiram trabalhando nas audiências de custódia, para elaboração de outros artigos acadêmicos que se seguiram à publicação da dissertação, em 2018.

4 "O SISTAC foi criado com o objetivo de dar celeridade ao procedimento de registro das apresentações dos cidadãos presos em flagrante a um juiz, no prazo de 24 horas, como também com o propósito de disponibilizar ferramenta apta a dar

de 2,3% nas decisões de prisão decretadas em audiências de custódia, em comparação com o início da prática, em todo o território nacional (entre 2015 e 2018)[5]. Em São Paulo, o cenário se torna mais dramático com a ainda mais nova estrutura de trabalho montada durante a pandemia do novo corona vírus, já que as audiências deixaram de ser realizadas e proibiu-se a modalidade de videoconferência[6].

Embora as audiências, na prática, tenham se distanciado ainda mais do que as organizações da sociedade civil e de direitos humanos pensavam à época em que lutaram para a sua implementação, a sua formalização agora permite que se abra um debate mais seguro sobre como aprimorá-las, sem o medo de que as críticas destruam de vez a sua vigência. Mais do que isso, a sua normatização permite que nos voltemos para discussões mais profundas sobre o papel do Poder Judiciário como campo de batalha para a efetivação de direitos.

Volto aqui então à questão dos *valores* que estão associados às audiências. O Poder Judiciário, a quem atribui-se a qualidade de imparcial e técnico, distante das paixões políticas que "contaminam" os Poderes Executivos e Legislativos, pouco tem de neutro diante das escolhas deliberadas das suas prioridades institucionais. A troca na gestão do DIPO em São Paulo, que na teoria não significaria muita coisa,

---

efetividade aos preceitos vigentes da Resolução no. 213, de 15 de dezembro de 2015, deste Conselho Nacional de Justiça" (BRASIL. Conselho Nacional de Justiça. Conselho Nacional de Justiça. SISTAC. 2015. Disponível em: https://www.cnj.jus.br/sistema-carcerario/audiencia-de-custodia/sistac/. Acesso em julho de 2020).

5 "Audiências de custódia chegam a 550 mil registros em todo o território nacional", Portal do Conselho Nacional de Justiça, 30 de outubro de 2019, disponível em: https://www.cnj.jus.br/audiencias-de-custodia-chegam-a-550-mil-registros-em-todo-o-pais/. Acesso em julho de 2020.

6 Como as audiências deixaram de ser realizadas, a apreciação dos flagrantes voltou a ser em papel. Por um momento, os operadores que foram expostos às rotinas intensas de trabalho das audiências voltaram a ler e a escrever seus pedidos e suas decisões de prisões, em trabalho remoto, desde a promulgação da Resolução 62, em março de 2020. Segundo relatos de alguns Defensores Públicos, sem as entrevistas prévias com a defesa, não há a possibilidade de menção de violência policial, uma vez que ela não pode ser pressuposta e nem adivinhada. O debate acerca da realização das videoconferências foi previamente solucionado, já que foram proibidas as audiências de custódia por vídeos, em recente Resolução do Conselho Nacional de Justiça sobre o trabalho durante a pandemia (Ato Normativo 0004117-63.2020.2.00.0000, 35ª Sessão Virtual Extraordinária do Conselho Nacional de Justiça (10/07/2020). A ver como isso se desenrola depois que a pandemia passar.

não só impactou a dinâmica das instituições, como é inegavelmente muito similar a outros desmantelamentos que são vistos em outras áreas do Estado, alinhados a um novo discurso de autoritarismo, força, punição e... Violência.

A militarização do Estado brasileiro, que agora conta com as Forças Armadas dominando cargos centrais do Poder Executivo Federal, é sentida também no Poder Judiciário, que lentamente perde seu espaço como garantidor de direitos e se vê, cada vez mais, desafiado pelos discursos e pelas práticas de ameaça da atual Presidência da República. Será que o Estado penal brasileiro, que já era reconhecidamente violento, está sendo lentamente dessecado pela transferência sutil de poder aos militares?

Nesse sentido, espero que o presente livro seja útil para pensarmos em formas com que as percepções morais são, cada vez, os grandes motores das atuações dos funcionários do sistema de justiça criminal. As práticas de silenciamento, sobre as quais disserto no capítulo IV, podem ser formas de pensar outras experiências de interação com o Estado e que também dependem do enquadramento dado pelas narrativas de quem ocupa determinado poder em determinado espaço de tempo. Independente da forma com que o Estado decide (ou não) investigar a atuação da polícia e os relatos de violência, é no encontro pessoal que a moralidade aparece de forma mais marcante na vida e nos corpos das pessoas presas.

Os casos relatados aqui estão longe de serem excepcionais e peço licença para publicar algumas ideias sobre quais podem ser as vítimas da violência policial para o Estado e quais pessoas, ainda que mortas, não têm esse direito.

Boa leitura!

—

No final do processo de revisão deste livro, meu pai faleceu repentinamente. Ele, que por onze anos se esforçou ao máximo para compensar a falta da precoce morte da minha querida mãe, foi a pessoa que mais me incentivou a estudar e a escrever. O lançamento já estava todo programado e eu ainda insistia com ele em dizer que "não precisava se preocupar com isso". Não tive a chance de pegar emprestada a caneta que ele separou para a noite de autógrafos com a qual ele sonhava, então resolvi deixar registrado, por impresso, que todos esses livros são dedicados aos meus pais. O amor que eles me deram não precisa da vida para existir, embora a falta que eles fazem será sempre minha marca mais permanente.

Nesse sentido, vivo com eles através dos meus queridos irmãos, Luiz Octávio e Guilherme. Eles sempre me apoiaram e me ensinaram a ser quem eu sou. Tive muita sorte de ter nascido irmã dos meus melhores amigos e que eles tenham se casado justamente com a Joana e com a Maria Paula. Agradeço também à Ana Cristina e ao Daniel pelo amor compartilhado e por terem me dado as grandes alegrias da minha vida, Joana e Felipe. Agradeço também à Mariane, ao Carlos e ao Joel, que completam essa minha trilha e que não me deixam andar só.

À toda a minha família Vilela, que sempre me acolhe e me enche de amor; eles me abastecem e me fazem seguir firme. Nos reuniremos lembrando da nossa amada avó e tudo que ela nos ensinou. Agradeço também aos meus padrinhos, tão queridos, que cuidam de mim e me deixam cuidá-los.

Agradeço ao Guilherme Rizzatti, meu companheiro de vida, que se dedicou a fazer a capa deste livro em um trabalho lindo de entrega e amor. Ele faz minha vida mais leve e mais segura, todos os dias. Sua família, Mingal, Deborah, Guto, Nuno e meu doce Antonio, me acolhem e me enchem de carinho, por isso sou muito grata a eles.

Um agradecimento enorme à minha querida orientadora do mestrado e da vida, Ana Lucia Pastore Scritzmeyer, por toda a paciência e confiança nesses últimos anos. Aprender com ela é um constante privilégio. Também agradeço às companheiras do Núcleo de Antropologia do Direito (Nadir), que foram essenciais para a construção das ideias deste trabalho.

A educação pública do Brasil merece todo o reconhecimento e apoio. Agradeço imensamente ao Programa de Pós-Graduação em Antropologia Social da USP e, também, à Coordenação de Aperfeiçoamento de Pessoal de Nível Superior (CAPES – Programa PROEX), pelo apoio financeiro com a bolsa concedida para a realização do trabalho de mestrado.

Agradeço ao Instituto de Defesa do Direito de Defesa (IDDD), por todo apoio institucional, com a cessão dos dados de pesquisa de campo. Um especial agradecimento à Isadora Fingermann e à Amanda Oi, pela abertura e confiança no compartilhamento de um trabalho sério e respeitoso ao direito de defesa. Ao carinho e à parceria da Vivian, da Bárbara e da Janaína também sou sempre grata.

Agradeço a toda a equipe do Departamento de Inquéritos Policiais (DIPO) do Tribunal de Justiça de São Paulo que trabalhou durante todo o ano de 2015 para a implementação das audiências de custódia. Fiz parte da rotina daqueles profissionais e agradeço aos funcionários, que me receberam com abertura e respeito ao meu trabalho.

Agradeço especialmente às minhas queridas e eternas professoras Marta Machado e Maíra Machado, que me guiam na vida acadêmica e fora dela. Também gostaria de agradecer à Maria Gorete, pelo companheirismo no campo e à Bruna Angotti, pela disponibilidade e pelo querer crescer junto.

Agradeço aos diretores do Innocence Project Brasil, pela compreensão na minha missão de terminar o mestrado e pela confiança no meu trabalho, Dora Cavalcanti, Flavia Rahal e Rafael Tucherman. Aprendo muito com vocês, diariamente.

Um agradecimento especial às minhas grandes amigas Lara, Evelyn, Milena, Natália e Bel, por me fazerem resistir às dores da vida e poder rir delas. À Fefa, minha confidente e parceira de toda hora. À Nina e à Mari, minhas amigas de luta e de força. À minha Ninoca, pela doçura e gentileza que me empresta. Um agradecimento especial ao Loverbeck, pela honestidade, à Jessie, por ser minha "metadinha" e ao Renan, por ser meu porto fácil.

Agradeço ao Diego, por ter me apoiado e me incentivado a estudar Antropologia.

Jamais deixaria de agradecer à Regina, que provavelmente não lerá este Agradecimento, mas que certamente faz parte dele porque é a peça essencial do meu crescimento.

Por fim, gostaria de agradecer às 692 pessoas que, sem saberem, me emprestaram parte de suas histórias de vida para a elaboração deste trabalho, quando passaram pelas audiências de custódia. Meu respeito por suas trajetórias é, e sempre será, imenso.

Obrigada Editora Letramento, pela confiança e pelo trabalho profissional e cheio de atenção.

INTRODUÇÃO

Nos trinta primeiros dias de 2017 diversos conflitos em presídios, principalmente na região Norte do país, totalizaram 133 mortos[7]. Em 2018, no dia 10 de abril, mais 22 presos foram mortos em conflito em um presídio no Belém do Pará[8]. Apesar de os conflitos terem sido atribuídos a rivalidades entre facções ou tentativas de fugas, as manchetes dos jornais e revistas retrataram as condições do presídio, dando destaque para a superlotação da unidade: o presídio de Manaus tinha capacidade para 454 presos e, no momento do massacre, tinha 1.224, um excedente de 170%[9]. Em Belém, o Conselho Nacional de Justiça também já havia publicado a iminência de um conflito, dada a precariedade da unidade[10]. A primeira declaração pública do então Presidente da

---

7 "Mortes em presídio do país em 2017 já superam o Massacre do Carandiru". Portal O Globo, disponível em: http://g1.globo.com/bom-dia-brasil/noticia/2017/01/mortes-em-presidios-do-pais-em-2017-ja-superam-o-massacre-do-carandiru.html. Acesso em janeiro de 2017.

8 "Sobe para 22 o número de mortos na tentativa de fuga na grande Belém". Portal O Globo, disponível em: https://g1.globo.com/pa/para/noticia/sobe-para-22-o-numero-de-mortos-na-tentativa-de-fuga-na-grande-belem.ghtml. Acesso em abril de 2018.

9 "Presídio que teve rebelião no AM tem 170% de presos acima da capacidade". Portal O Globo, disponível em: http://g1.globo.com/am/amazonas/noticia/2017/01/presidio-que-teve-rebeliao-no-am-tem-170-de-presos-acima-da-capacidade.html. Acesso em janeiro de 2017.

10 "Inspeção viu situação alarmante e vulnerável em prisão com 23 mortos". Folha de São Paulo, disponível em: https://www1.folha.uol.com.br/cotidiano/2018/04/inspecao-viu-situacao-alarmante-e-vulneravel-em-prisao-com-23-mortos.shtml. Acesso em abril de 2018.

República, Michel Temer, foi de que para remediar a crise no sistema penitenciário ele construiria mais presídios[11].

Desde 2014, o país ocupa a terceira posição no ranking mundial de maior número de presidiários, tendo passado a Rússia e ficando atrás apenas dos Estados Unidos e da China[12]. No Brasil, 40% de todos os presos são provisórios, ou seja, aguardando julgamento[13]. O estado de São Paulo responde por um terço de todas as pessoas presas no país e é de longe o que mais encarcera. Ao mesmo tempo, é também o estado com os maiores índices de criminalidade. Há uma percepção popular de calamidade nos serviços de segurança pública, que por anos não conseguem diminuir as estatísticas de crimes patrimoniais, apesar de ter tido sucesso na redução do número de homicídios – o que, para alguns cientistas sociais, é atribuído ao surgimento do PCC e não à uma política de segurança pública mais eficiente (Dias, 2011).

Dada a constatação do cenário de total falência do sistema penitenciário e da excessiva utilização de prisões provisórias, em 24 de fevereiro de 2015 o Tribunal de Justiça de São Paulo implementou as chamadas "audiências de custódia", através do Provimento Conjunto n. 03/2015[14]. Essas audiências consistem na apresentação da pessoa presa em flagrante perante o juiz responsável em até 24 horas depois da prisão.

---

11 "Michel Temer anuncia construção de presídios para detentos perigosos". Portal O Globo, disponível em: http://g1.globo.com/jornal-hoje/noticia/2017/01/michel-temer-anuncia-construcao-de-presidios-para-detentos-perigosos.html. Acesso em janeiro de 2017.

12 "Brasil ultrapassa Rússia e agora tem a 3a maior população carcerária do mundo". Folha de São Paulo, disponível em: http://www1.folha.uol.com.br/cotidiano/2017/12/1941685-brasil-ultrapassa-russia-e-agora-tem-3-maior-populacao-carceraria-do-mundo.shtml. Acesso em abril de 2018.

13 Dados mais recentes do Ministério da Justiça sobre a situação carcerária são de junho de 2016. *Infopen 2017 – Departamento Penitenciário Nacional, Ministério da Justiça*. Disponível em: http://depen.gov.br/DEPEN/noticias-1/noticias/infopen-levantamento-nacional-de-informacoes-penitenciarias-2016/relatorio_2016_22111.pdf. Acesso em abril de 2018.

14 O Provimento Conjunto N. 03/2015 institui uma parceria entre o Tribunal de Justiça de São Paulo, o Ministério da Justiça e o Conselho Nacional de Justiça para implementação das audiências de custódia na capital paulista. Disponível em: http://www.tjsp.jus.br/Handlers/FileFetch.ashx?id_arquivo=65062. Acesso em abril de 2018.

Ao contrário do que era feito antes, agora a pessoa é levada pessoalmente ao fórum criminal para que o juiz decida, em uma audiência em que também estão presentes o Ministério Público e a Defensoria Pública (ou advogado particular), se ela responderá ao processo presa provisoriamente ou em liberdade. Desde 2019, com a aprovação do Pacote Anticrime (Lei 13.964/19), as audiências de custódia passaram a integrar o Código de Processo Penal brasileiro (Artigo 310)[15] e passaram a ser obrigatórias em todo território nacional, embora a lei não tivesse como objetivo a sua específica e exclusiva regulamentação[16].

---

15 O Artigo 310 do Código de Processo Penal passou a figurar com a seguinte redação: "Art. 310. Após receber o auto de prisão em flagrante, no prazo máximo de até 24 (vinte e quatro) horas após a realização da prisão, o juiz deverá promover audiência de custódia com a presença do acusado, seu advogado constituído ou membro da Defensoria Pública e o membro do Ministério Público, e, nessa audiência, o juiz deverá, fundamentadamente: I - relaxar a prisão ilegal; ou II - converter a prisão em flagrante em preventiva, quando presentes os requisitos constantes do art. 312 deste Código, e se revelarem inadequadas ou insuficientes as medidas cautelares diversas da prisão; ou III - conceder liberdade provisória, com ou sem fiança. Parágrafo único. Se o juiz verificar, pelo auto de prisão em flagrante, que o agente praticou o fato nas condições constantes dos incisos I a III do caput do art. 23 do Decreto-Lei no 2.848, de 7 de dezembro de 1940 - Código Penal, poderá, fundamentadamente, conceder ao acusado liberdade provisória, mediante termo de comparecimento a todos os atos processuais, sob pena de revogação. § 1º Se o juiz verificar, pelo auto de prisão em flagrante, que o agente praticou o fato em qualquer das condições constantes dos incisos I, II ou III do caput do art. 23 do Decreto-Lei nº 2.848, de 7 de dezembro de 1940 (Código Penal), poderá, fundamentadamente, conceder ao acusado liberdade provisória, mediante termo de comparecimento obrigatório a todos os atos processuais, sob pena de revogação. § 2º Se o juiz verificar que o agente é reincidente ou que integra organização criminosa armada ou milícia, ou que porta arma de fogo de uso restrito, deverá denegar a liberdade provisória, com ou sem medidas cautelares. § 3º A autoridade que deu causa, sem motivação idônea, à não realização da audiência de custódia no prazo estabelecido no caput deste artigo responderá administrativa, civil e penalmente pela omissão. § 4º Transcorridas 24 (vinte e quatro) horas após o decurso do prazo estabelecido no caput deste artigo, a não realização de audiência de custódia sem motivação idônea ensejará também a ilegalidade da prisão, a ser relaxada pela autoridade competente, sem prejuízo da possibilidade de imediata decretação de prisão preventiva".

16 A Lei 13.964 que instituiu as audiências de custódia também previa a criação do juiz de garantias, que seria o responsável pela execução dessas audiências. Essa previsão, no entanto, foi suspensa pelo Supremo Tribunal Federal em janeiro de 2020, por decisão do Ministro Luiz Fux. O STF ainda não terminou de se manifestar sobre o tema. "Ministro Luiz Fux suspende criação de juiz das garantias por tempo indeterminado", Portal do Supremo Tribunal Federal, disponível em: https://portal.

Esta dissertação tem como objetivo entender de que forma a dinâmica do encontro dos operadores do Direito com a pessoa custodiada produz significados morais sobre quem é a *vítima* de um abuso policial. Conceitos como merecimento, dignidade e autoestima são, a todo tempo, disputados nessas audiências e aparecem não só nas falas das pessoas presentes, como também em seus silêncios. As múltiplas interpretações do que é violência também são disputadas, no esforço ou no abandono da tentativa de verificar a ocorrência do indevido uso da força policial.

Mais do que uma política pública que possui justificativas e procedimentos jurídicos, essas audiências pretendiam formalizar o encontro de custodiados e operadores do Direito, em audiência, como algo legítimo, pois, nesse encontro, as expectativas das audiências deveriam se concretizar.

Vale ressaltar que essas audiências não são uma inovação brasileira: o Brasil era o único país latino-americano que ainda não havia implementado a previsão, constante no Pacto de San José da Costa Rica e que, desde 1992, está incorporado ao nosso ordenamento jurídico como texto constitucional[17]. As audiências de custódia estão previstas no Artigo 7o, Item 5, da Convenção Interamericana de Direitos Humanos[18]:

> Artigo 7o, Item 5: Toda pessoa detida ou retida deve ser conduzida, sem demora, à presença de um juiz ou outra autoridade autorizada pela lei a exercer funções judiciais e tem direito a ser julgada dentro de um prazo razoável ou a ser posta em liberdade, sem prejuízo de que prossiga o processo. Sua liberdade pode ser condicionada a garantias que assegurem o seu comparecimento em juízo.

---

stf.jus.br/noticias/verNoticiaDetalhe.asp?idConteudo=435253&ori=1. Acesso em julho de 2020.

17 A incorporação de tratados de direitos humanos é um tema longamente debatido por acadêmicos vinculados às áreas de Direito Internacional, Direito Constitucional e Direitos Humanos. Para entender melhor essa discussão, ver: PIOVESAN, Flávia. "A Incorporação, a Hierarquia e o Impacto dos Tratados Internacionais de Proteção dos Direitos Humanos no Direito Brasileiro", in *O Sistema Interamericano de Proteção dos Direitos Humanos e o Direito Brasileiro*. Coordenação de Luiz Flávio Gomes e Flávia Piovesan. São Paulo: Editora Revista dos Tribunais, 2000.

18 Texto da Convenção Interamericana de Direitos Humanos disponível em português, eletronicamente em: https://www.cidh.oas.org/basicos/portugues/c.convencao_americana.htm. Acesso em abril de 2018.

Essa disposição, breve e sucinta, sofreu as mais diversas adaptações no continente, já que sua flexibilidade permitiu aos países legislar sobre as audiências de formas variadas, escolhendo, por exemplo, o que se entende localmente por "sem demora". No caso do Brasil e, mais especificamente, de São Paulo, o texto da Convenção constou como a principal justificativa jurídica para que a implementação das audiências se desse através de um provimento do tribunal e não pelo rito processual comum, que exigiria a aprovação de um projeto de lei específico[19].

A implementação das audiências de custódia partia do seguinte pressuposto: a apresentação física da pessoa presa é capaz de causar um impacto que pode alterar a percepção dos operadores quanto à legalidade da prisão realizada pela polícia e à necessidade de manutenção da prisão no decorrer do processo penal. Esse "impacto" foi chamado de "humanização do processo penal" (Lopes Jr & Paiva, 2014, p. 23). Este termo parece indicar dois tipos de interpretação: primeiro, que o processo penal antes não era "humanizado"; segundo, que é possível tornar o sistema penal mais respeitoso em relação aos direitos da pessoa presa, ou seja, que ele é passível de "correção". Ambas as interpretações, complementares, destacam a expectativa de que encontrar pessoalmente alguém preso em flagrante produz um resultado inédito e poderoso.

A expectativa desse impacto se dava em duas frentes. A primeira, dizia respeito ao fato de que os operadores seriam melhor informados sobre as circunstâncias do flagrante para decidir quanto à necessidade da prisão provisória e, por isso, as taxas deste tipo de aprisionamento diminuiriam, o que ajudaria a controlar a superlotação dos presídios paulistas. A segunda referia-se à previsão de que a presença perante o juiz de pessoas presas em flagrante possibilitaria identificar se estas haviam sofrido maus tratos e sido vítimas de tortura policial, já que o preso seria medicamente examinado e, em 24 horas, o possível dano físico decorrente de uma possível agressão ainda estaria visível.

Quanto à primeira expectativa, a conexão entre a redução da população carcerária e a criação das audiências de custódia ainda está em de-

---

19 O Artigo 1o do Provimento número 03 de 2015 do TJSP dispõe: "Determinar, em cumprimento ao disposto no Artigo 7o, Item 5, da Convenção Americana de Direitos Humanos (pacto de San Jose da Costa Rica), a apresentação da pessoa detida em flagrante delito, até 24 horas após a sua prisão, para participar da audiência de custódia".

bate. Passados três anos da implementação das audiências de custódia em São Paulo, as estatísticas oscilam de acordo com o perfil dos juízes que conduzem tais audiências e o dia da semana em que ocorrem. Não houve também um impacto significativo no número de prisões totais no estado e, ao contrário do esperado, o Fórum Brasileiro de Segurança Pública publicou, em 2017, o dado de que o número de presos provisórios no estado de São Paulo subiu de 29,2% (antes das audiências de custódia) para 32% em 2017[20].

Quanto ao segundo objetivo, há anos os abusos em abordagens policiais são denunciados como sendo desrespeitosos aos direitos humanos. Organizações que realizam visitas frequentes aos Centros de Detenção Provisória, como a Pastoral Carcerária[21], contam com inúmeros relatórios nos quais identificam violências em presos que acabavam de entrar no sistema penitenciário, destacando que há um sistema que promove e aceita violações contínuas dos direitos das pessoas presas.

Dadas essas denúncias públicas de violências e a inércia dos mecanismos de apuração pelo procedimento tradicional, o Tribunal de Justiça de São Paulo também utilizou o argumento da necessidade de fiscalizar a atividade policial para implementar as audiências, no entanto, essa justificativa não aparece nos "Considerandos" do Provimento número 03/2015 que instituiu as audiências: as seis justificativas formais apresentadas no início do documento legal se referem ao primeiro objetivo apenas, ou seja, o de reduzir o contingente prisional decorrente de prisão provisória. A previsão de apuração do que é chamado de "abuso cometido durante a prisão" aparece apenas no inciso I do Artigo 7o do

---

20 O Relatório "Audiências de custódia, prisão provisória e medidas cautelares: obstáculos institucionais e ideológicos à efetivação da liberdade como regra" está disponível em:

http://www.cnj.jus.br/files/conteudo/arquivo/2017/10/4269e81937d899aa6133f-f6bb524b237.pdf, p. 9. Acesso em abril de 2018.

21 Duas publicações da Pastoral Carcerária foram bem reveladoras acerca dos números de violência policial no Brasil, a saber: "Relatório de Tortura – Uma experiência de monitoramento dos locais de detenção para prevenção da tortura", disponível em: http://carceraria.org.br/wp-content/uploads/2018/01/relatorio-relatorio_tortura_2010.pdf e "Tortura em Tempos de Encarceramento em Massa", disponível em: http://carceraria.org.br/wp-content/uploads/2016/10/Relat%C3%B3rio_Tortura_em_Tempos_de_Encarceramento_em_Massa-1.pdf. Acesso em abril de 2018.

Provimento[22]. É importante notar que o termo utilizado é "abuso", não "tortura", "maus tratos" ou outros termos comumente encontrados em outros documentos legais, principalmente os internacionais, quando se referem às práticas policiais violentas.

Após a criação das audiências, em poucos meses, esse passou a ser o tema mais debatido pelas organizações da sociedade civil. Em dezembro de 2015, o Secretário de Segurança Pública de São Paulo (hoje Ministro do Supremo Tribunal Federal), Alexandre de Moraes, pronunciou-se dizendo que as audiências de custódia "desfaziam o mito" de que a Polícia Militar de São Paulo era violenta[23]. Em resposta à essa reportagem, entidades de direitos humanos pediram a retratação do secretário, porque a falta de apuração não significava que não havia denúncias, mas que o mecanismo implementado não estava sendo eficiente nas investigações.

Para que o novo procedimento de apuração de violências criado pudesse ter efetividade, o mais relevante passou, então, a ser o relato da violência na própria audiência. Se a pessoa custodiada não relatasse a violência, se a pergunta sobre violência não fosse feita ou se os operadores do Direito, em audiência, principalmente o juiz, não registrassem a ocorrência do que eles consideraram como "abuso" no momento da abordagem, não seria iniciado procedimento investigativo.

O Instituto de Defesa do Direito de Defesa (IDDD), organização da sociedade civil composta por advogados criminalistas, redigiu em 2011 o Projeto de Lei n. 554, encaminhado ao Senado, prevendo a implementação das audiências de custódia como regra do processo penal em todo o território nacional. Por ter sido um ator-chave para disseminar a ideia desse mecanismo, surgiu uma parceria para que essa organização fizesse o trabalho de monitoramento das audiências em São Paulo, quando ainda se tratava de um projeto piloto, servindo como

---

22 O texto legal é o que segue: "Artigo 7o: O juiz competente, diante das informações colhidas na audiência de custódia, requisitará o exame clínico e de corpo de delito do autuado, quando concluir que a perícia é necessária para a adoção de medida, tais como: I – apurar possível abuso cometido durante a prisão em flagrante, ou a lavratura do ato".

23 "Audiência de custódia revela indício de tortura em 277 casos de prisões". Portal Estadão de notícias, matéria disponível em: http://sao-paulo.estadao.com.br/noticias/geral,audiencia-de-custodia-revela-indicio-de-tortura-em-277-casos-de-prisoes,1765856. Acesso em janeiro de 2017.

um "teste" do Conselho Nacional de Justiça para a implementação da proposta no restante do país.

Ao ser contratada como uma das pesquisadoras do IDDD, passei a acompanhar as audiências, diariamente, assistindo de dez a doze por dia, desde seu início, em 24 de fevereiro de 2015. Ao final de dez meses, eu havia acompanhado 692 pessoas em audiências, registrado 588 delas a partir de formulários de pesquisa, extraído cópias de vídeos de 223 audiências e realizado entrevistas com os operadores nelas envolvidos, conforme metodologia detalhada no subitem 4 do Capítulo II. O relatório, fruto dessa pesquisa, foi publicado em maio de 2016[24]. Esses formulários de pesquisa, vídeos das audiências e registros etnográficos constituem a base desta dissertação de mestrado.

Das 588 audiências que registrei na base de dados, 141 presos relataram ter sofrido algum tipo de abuso policial. Em 266 audiências, nada foi perguntado sobre violência, mas em 29 destas o preso tinha marcas visíveis de agressão[25]. Dos casos que se tornaram procedimentos investigativos, nenhum deles levou à apuração concreta de violência policial. Hoje, é possível dizer que a intenção de implementação das audiências de custódia como forma de permitir a apuração desses casos não se concretizou. O Conselho Nacional de Justiça, que durante os anos de 2015 e 2016 expandiu a criação das audiências de custódia para quase todos os estados brasileiros, tomando São Paulo como o exemplo[26], publicou uma cartilha de perguntas a serem feitas pelos juízes às pessoas presas quanto à violência[27], em uma tentativa de formalizar o procedimento de apuração de violências em audiência.

O debate que conduzo na presente dissertação de forma alguma pretende fornecer respostas concretas e objetivas sobre como devem ser os mecanismos de verificação de abusos policiais. A reflexão que de-

---

24 Relatório do IDDD, "Monitoramento das audiências de custódia em São Paulo", disponível em: http://www.iddd.org.br/wp-content/uploads/2016/05/Relatorio-AC-SP.pdf. Acesso em abril de 2018.

25 Ibidem, p. 67.

26 O site do Conselho Nacional de Justiça expõe um mapa da implementação das audiências de custódia por todo o país, disponível em: http://www.cnj.jus.br/sistema-carcerario-e-execucao-penal/audiencia-de-custodia/mapa-da-implanta-cao-da-audiencia-de-custodia-no-brasil. Acesso em janeiro de 2017.

27 O protocolo do CNJ sobre as audiências de custódia foi publicado na Resolução 213, em 15 de dezembro de 2015 e pode ser acessado em: http://www.cnj.jus.br/busca-atos-adm?documento=3059. Acesso em janeiro de 2017.

senvolvo, a partir de uma perspectiva antropológica, parte da ideia de que, se havia a esperança de que as audiências de custódia seriam capazes de transformar a forma como o Poder Judiciário lida com a violência policial, isto se dava em função da expectativa de *suscitar uma nova sensibilidade* nos operadores do Direito, por meio do encontro pessoal com a pessoa presa. Na prática, no entanto, novas formas de legitimação da violência foram construídas através desse encontro, tanto nas falas quanto nos silêncios, que passaram a expressar percepções morais de quem é "a verdadeira" vítima em um momento de prisão em flagrante.

Através da etnografia, foi possível observar percepções morais que operadores do Direito podem ter dos relatos feitos por pessoas que já foram consideradas criminosas pelo primeiro filtro do sistema, que é o filtro da polícia. Vários conceitos são a todo tempo disputados, como "violência", "abuso", "merecimento" e, principalmente, "vítima". Se a própria prisão em flagrante já pode ser interpretada como uma experiência de avaliação moral da *vida* da pessoa presa – e não só da conduta a ela imputada – é neste momento que parece faltar espaço para que o suspeito de um crime seja também considerado vítima de uma agressão policial.

Esta dissertação está dividida em quatro capítulos e uma conclusão. No primeiro, abordarei o surgimento institucional das audiências de custódia em São Paulo, bem como a montagem estrutural para sua operacionalização prática no Fórum Criminal da Barra Funda. No segundo capítulo, discuto os desafios encontrados na realização de uma pesquisa com esta temática na área da Antropologia do Direito e na passagem de uma pesquisa inicialmente realizada por uma organização da sociedade civil para a escrita acadêmica, além de apresentar minha rotina de trabalho de campo. No terceiro, trago a metodologia de análise dos casos e os relatos etnográficos de cinco audiências, selecionadas em função da especial riqueza de seus detalhes. No quarto e último capítulo, trago reflexões sobre esses e outros casos, além de alguns possíveis debates. Na conclusão, faço algumas considerações finais, bem como apresento alguns caminhos para novas reflexões, obtidos através da experiência de pesquisa.

CAPÍTULO I
AS AUDIÊNCIAS DE CUSTÓDIA

Neste capítulo, descrevo o surgimento das audiências de custódia em São Paulo, a fim de inserir o leitor na discussão pública em torno de sua implementação na capital paulista. Em seguida, exponho mais pormenorizadamente a estrutura e os espaços das audiências no Fórum Criminal da Barra Funda. Trata-se de um esforço para tornar claros determinados conteúdos, tanto para juristas, quanto para antropólogos, bem como trazer o leitor para a realidade do campo, em um exercício de ir do "macro" para o "micro". Considero essencial explorar os debates públicos que cercaram a implementação dessas audiências, já que eles são o resultado de escolhas contextuais e políticas do seu tempo. É importante ressaltar que todas as descrições partem da minha experiência como advogada e pesquisadora, como explicarei de forma mais detalhada no capítulo II.

1.   CRIAÇÃO E OBJETIVOS

As audiências de custódia se inserem como uma nova fase do processo penal brasileiro, introduzindo uma audiência judicial onde antes não havia tal previsão. Em realidade, elas são consideradas *pré-processuais*, porque são realizadas antes da denúncia do Ministério Público, que institui o começo do processo penal. Como veremos, a proposta de colocar uma pessoa presa em flagrante e que se encontra sob tutela do Estado diante de um juiz, um promotor e uma pessoa que realizará a defesa, é objeto de debate e de disputas.

Os objetivos normativos declarados – e a própria elaboração desses objetivos – não podem ser naturalizados. Não existe uma "natureza" das audiências de custódia, porque elas são uma criação jurídica e, por isso, dependem de escolhas políticas sobre seu formato, seu alcance e seu papel no Direito. Assim, a criação das audiências de custódia vem atender a demandas e criar outras, a depender de qual ator social estamos falando. Antes de partir para essas disputas, explicarei o fluxo de uma pessoa presa em flagrante na capital paulista, para que fique claro onde e de que forma essas audiências surgem. Esse rito processual está descrito no Código de Processo Penal Brasileiro (Lei 3.689 de 1941), a partir do Artigo 301, que inicia a regulamentação da prisão em flagrante.

Uma pessoa pode ser presa em flagrante em diversos locais: na rua, em um estabelecimento comercial, no transporte público etc. Normalmente quem realiza essa prisão é um membro da Polícia Militar, que possui a função de realizar o que se chama de "patrulhamento ostensivo"[28], que seria a realização de rondas e apreensões, com o objetivo de reprimir a criminalidade.

Quando a Polícia Militar considera que há a prática de um crime previsto no Código Penal brasileiro, eles realizam a abordagem física e prendem a pessoa suspeita. A Polícia Militar, então, leva a pessoa até uma Delegacia de Polícia (DP), de responsabilidade da Polícia Civil, cuja função é de regularizar os procedimentos realizados para o combate à prática de crimes[29]. Um delegado, que é a autoridade policial, recebe a pessoa presa em flagrante, junto com os policiais militares que realizaram a abordagem, e formaliza um boletim de ocorrência. Nesse documento constam os dados pessoais da pessoa presa e das possíveis vítimas, e um relato, feito por um escrivão da Polícia Civil, de qual crime teria sido praticado.

Alguns outros documentos também devem acompanhar esse boletim de ocorrência: o depoimento dos policiais militares sobre a abordagem, o depoimento da pessoa presa com a sua versão dos fatos e, eventualmente, laudos de objetos e substâncias que tenham sido apreendidas,

---

28 O patrulhamento ostensivo da Polícia Militar está definido no Artigo 144 da Constituição Federal de 1988: "Artigo 144, § 5º Às polícias militares cabem a polícia ostensiva e a preservação da ordem pública".

29 A função da polícia judiciária exercida pela Polícia Civil está definida igualmente no Artigo 144 da Constituição Federal de 1988: "Artigo 144, § 4º Às polícias civis, dirigidas por delegados de polícia de carreira, incumbem, ressalvada a competência da União, as funções de polícia judiciária e a apuração de infrações penais, exceto as militares".

como, por exemplo, um laudo psicotrópico que detecta substâncias listadas pela Agência Nacional de Vigilância Sanitária (ANVISA) como entorpecentes. Todos esses documentos constituem o auto de prisão em flagrante.

O delegado, investido da sua autoridade policial, pode então determinar a prisão provisória da pessoa presa em flagrante ou sua liberdade, mediante o pagamento de fiança. Caso o crime seja inafiançável, o delegado deve determinar a prisão provisória. O delegado também pode conceder a liberdade da pessoa autuada, por considerar que não houve a prática de um crime, divergindo da Polícia Militar. Essa decisão fica a cargo de certa discricionariedade que o delegado possui ao avaliar a situação no caso concreto.

Caso o delegado decida pela decretação da prisão em flagrante, a pessoa presa passa a ser custodiada pelo Estado. Antes de fevereiro de 2015, o delegado encaminhava o auto de prisão em flagrante para a autoridade judicial já com cópias da certidão de antecedentes criminais, para que esse membro do Poder Judiciário pudesse avaliar a decisão tomada pelo delegado. A pessoa presa seria levada diretamente a um Centro de Detenções Provisórias (CDP), onde ficaria aguardando a decisão.

O juiz, dentro de sua sala no fórum criminal, lia os documentos e decidia pela conversão da prisão em flagrante em prisão provisória, ou revogava a decisão do delegado, de acordo com o Código de Processo Penal. A prisão *convertida em provisória* significa que a pessoa deve permanecer presa no CDP até a data da audiência de instrução e julgamento.

No caso de desautorizar a prisão decretada pelo delegado, o juiz tinha algumas opções, também já determinadas legalmente: determinar a *liberdade provisória com ou sem algumas medidas cautelares*, o que significa cumprir ou não com algumas obrigações para com o Judiciário durante o curso do processo penal, como medidas restritivas de direito (comparecimento periódico em juízo, recolhimento domiciliar noturno, proibição de frequentar determinados lugares); outra opção é decretar o *relaxamento do flagrante*, no caso em que considerar a prisão ilegal, ou seja, que o delegado não deveria ter prendido aquela pessoa, seja porque o crime não aconteceu (pela falta do que se chama de "indícios de materialidade") ou seja porque não há indícios de que aquela pessoa seja quem praticou o crime (chamado de "indícios de autoria").

Essa decisão, depois, era encaminhada ao Ministério Público e à Defensoria Pública, para que se manifestassem sobre a decisão do juiz, por escrito.

É nesse momento de recebimento do auto de prisão em flagrante pelo juiz que se inserem as audiências de custódia. A partir de fevereiro de 2015, a pessoa presa não é mais encaminhada diretamente ao CDP, mas ao próprio fórum criminal, onde participa de uma audiência em que estão presentes o juiz, o promotor e um representante de sua defesa, seja ela exercida pela Defensoria Pública ou por um advogado contratado que já tenha sido comunicado. Essa audiência promove o encontro pessoal entre os operadores do Direito responsáveis pela decisão da prisão em flagrante e a própria pessoa custodiada pelo Estado, em um prazo de, no máximo, 24 horas, no caso de São Paulo.

Nessa audiência, os operadores supostamente já terão lido o auto de prisão em flagrante e debaterão, na presença da pessoa custodiada, a necessidade de mantê-la presa provisoriamente ou conceder a liberdade. É dada à pessoa a possibilidade de se manifestar sobre o que aconteceu, porém, essa manifestação varia a depender da dinâmica da audiência no caso concreto e, principalmente, do juiz que a realiza, como falarei mais adiante.

A pessoa custodiada chega ao fórum e é encaminhada a uma carceragem, onde permanece esperando sua vez de ser chamada. Os operadores já estão nas salas destinadas à realização das audiências, aguardando que as pessoas custodiadas sejam apresentadas. Não existe uma ordem fixa de apresentação dos custodiados, normalmente opera-se por ordem de chegada, já que cada seccional de polícia leva as pessoas custodiadas em momentos diferentes até o fórum. A organização das audiências é feita pelos funcionários do cartório, que distribuem os autos de prisão em flagrante entre as salas em que ocorrerão as audiências.

A escolta da polícia, quando acionada pelo escrevente da sala, traz a pessoa custodiada. A pessoa, algemada, com os chinelos que são dados no fórum (já que é proibido o uso de sapatos nas carceragens) e com as mesmas roupas e no mesmo estado em que foi presa em flagrante no dia anterior, é levada até a sala onde será realizada sua audiência. O policial então indica onde a pessoa deve se sentar e permanece, em pé, atrás da pessoa, até o fim da audiência. A ordem das manifestações é a que segue:

O juiz inicia a audiência conferindo dados trazidos no auto de prisão em flagrante entregue pela Polícia Civil: nome, idade, profissão, residência fixa, reincidência criminal. Depois, o juiz pode fazer perguntas à pessoa custodiada sobre o momento do flagrante, onde foi, como foi, como foi o comportamento da Polícia Militar e da Polícia Civil. Essas perguntas são feitas a partir da vontade do juiz em esclarecer algo, a partir do que ele já leu nos documentos escritos.

Em seguida, o juiz concede a vez de o promotor realizar perguntas elucidativas, e depois para a defesa. Nesta ordem: juiz – promotor – defesa. Depois que a defesa termina de fazer perguntas, o juiz pede que o promotor se manifeste em nome do Ministério Público, que pode pedir uma das três alternativas disponíveis no Código de Processo Penal: a manutenção da prisão, a concessão da liberdade provisória com ou sem medidas cautelares ou o relaxamento do flagrante. Em seguida, a defesa manifesta seu pedido, normalmente a favor da liberdade ou do relaxamento do flagrante.

O juiz toma a decisão em questão de minutos. A pessoa é então comunicada de qual foi a decisão do juiz (pelo próprio juiz que a verbaliza em voz alta ou pelo seu defensor), assina a decisão e é escoltada de volta à carceragem. Caso seja determinado que a pessoa deverá permanecer presa, ela é encaminhada ao CDP, onde aguardará a próxima audiência. Caso o juiz determine pela liberdade ou pelo relaxamento, a pessoa será liberada ao fim do dia, quando todas as audiências já tiverem sido encerradas.

Todos esses procedimentos são considerados *pré-processuais*, o que significa dizer que a pessoa custodiada não é, até esse momento, uma ré de um processo criminal. Depois da audiência, o processo é distribuído para uma vara criminal. Na vara, um membro do Ministério Público receberá o processo que foi discutido, já com a decisão da custódia, e poderá oferecer uma denúncia criminal ou não. Só depois do oferecimento da denúncia é que se constitui o início do processo criminal.

Abaixo, uma ilustração sobre o fluxo descrito:

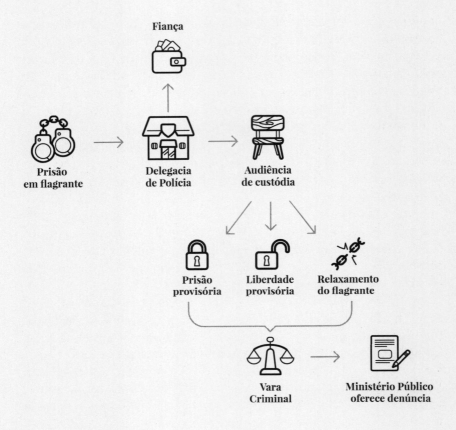

2. CONSTRUÇÃO DE UMA DINÂMICA NA CAPITAL PAULISTA

Em São Paulo, todo esse procedimento das audiências de custódia possui particularidades. Há três motivos pelos quais me dedicarei a explicar de forma mais detalhada a realização das audiências de custódia na comarca paulista: (i) foi a primeira experiência de implementação das audiências de custódia no Brasil, tornando-se referência para a expansão da prática em outras comarcas e estados brasileiros[30]; (ii) é a cidade com o maior número de presos em flagrante do Brasil, chegan-

---

[30] Em São Luís do Maranhão, as audiências de custódia já eram realizadas por um time de juízes que, de forma autônoma, desde 2014, decidiram implementar as audiências no Fórum Desembargador Sarney Costa. Em São Paulo, no entanto, as audiências foram implementadas a partir de uma parceria com o Conselho Nacional de Justiça (CNJ), o que conferiu à experiência o título de "projeto piloto".

do a realizar 180 audiências de custódia por dia; e (iii), obviamente, por ter sido onde realizei meu trabalho de campo, em que acompanhei os dez primeiros meses de implementação das audiências no Fórum Criminal da Barra Funda.

A normativa que institucionalizou as audiências de custódia em São Paulo não surgiu de um cenário político-institucional pacífico dentro do Poder Judiciário, nem do Poder Executivo: ela é resultado de uma intensa articulação do então Ministro Presidente do Supremo Tribunal Federal (STF), Ricardo Lewandowski, com o então Presidente do Tribunal de Justiça de São Paulo, José Renato Nalini.

Lewandowski, que também era Presidente do Conselho Nacional de Justiça (CNJ), escolheu como pauta da sua gestão a implementação dessas audiências. O discurso oficial é o de que as audiências de custódia ajudariam a reduzir o contingente populacional do país, já que os presos provisórios representam 40% da população carcerária brasileira. A ênfase se dava na possibilidade de "humanização do processo". Segundo o Ministro,

> "São pessoas que passam em média quatro meses até verem um juiz, vivendo a ofensa ao princípio da inocência e da não culpabilidade. É importante que corrijamos essa situação em um processo humano e civilizatório" [31].

Outro grande objetivo para a implantação das audiências, declarado pelo CNJ, era a possibilidade de verificação de abuso policial, já que os casos de maus tratos no momento da abordagem eram denunciados por aqueles que faziam visitas aos Centros de Detenção Provisória, mas que, muitas vezes, não constavam nos documentos que chegavam aos juízes. Em 24 horas, seria possível que marcas físicas de agressões e lembranças mais vivas dos acontecimentos permitissem que, nas audiências, as pessoas presas falassem das agressões a serem apuradas.

No entanto, o Ministro não teria sido capaz de implementar tal mecanismo sem a cooperação de outros órgãos e sem, claro, a cooperação do Poder Executivo, mais especificamente a Secretaria de Segurança Pública, na época ocupada pelo hoje Ministro do STF, Alexandre de Moraes. Depois de uma articulação minuciosa, o Ministro Lewandowski conseguiu obter um acordo entre os chefes do Poder Judiciário e do Poder Executivo para que o provimento fosse publicado. No dia 03 de fevereiro de 2015, em uma solenidade no

---

31 "Ministro Lewandowski participa do lançamento de audiência de custódia em MG", Notícia de 17 de julho de 2015, disponível em: http://www.stf.jus.br/portal/cms/verNoticiaDetalhe.asp?idConteudo=295895. Acesso em abril de 2018.

Tribunal de Justiça, eu assisti a assinatura do Termo de Cooperação para a Realização das Audiências de Custódia, que contou com membros de organizações dos dois poderes[32]. Estava selado o acordo para a implementação das audiências.

Depois desse acordo, o Tribunal de Justiça de São Paulo publicou, formalmente, o Provimento n. 03, que instituiu e formalizou as audiências de custódia de forma progressiva, ou seja, com as seccionais de polícia sendo incorporadas de forma gradativa, mês a mês[33]. Nesse provimento, o Tribunal determinou o formato das audiências com algumas regras básicas: a apresentação da pessoa custodiada deve se dar em até 24 horas do momento da prisão em flagrante; é proibida a exploração do mérito dos fatos que levaram à prisão; é obrigatória a gravação em vídeo da audiência e a pessoa custodiada poderá ser atendida por uma central de medidas alternativas, a ser criada especificamente para compor essa estrutura.

O fato de essa institucionalização se dar através desse instrumento – um provimento administrativo de um tribunal estadual – foi um dos primeiros pontos de conflito entre algumas instituições, necessariamente envolvidas na implementação das audiências. Provocou grande desconforto, principalmente para a Polícia Civil e para o Ministério Público, que tal implementação tenha sido feita sem a consulta dessas organizações e, de certa forma, "imposta" por esse acordo de cooperação, que apenas os incluía de forma obrigatória.

A Associação Paulista do Ministério Público (APMP), então, impetrou Mandado de Segurança contra a implementação do projeto das audiências de custódia em São Paulo, por considerar que o mecanismo jurídico utilizado era incompatível com a matéria legislada, que deveria ter sido aprovada pelo Poder Legislativo, pelo rito de apro-

---

32 As organizações que assinaram o Termo de Cooperação foram: Tribunal de Justiça de São Paulo, Conselho Nacional de Justiça, Ministério Público do Estado de São Paulo, Defensoria Pública do Estado de São Paulo, Secretaria de Segurança Pública do Estado de São Paulo e Secretaria de Administração Penitenciária do Estado de São Paulo. Acordo disponível em: https://www.anadep.org.br/wtk/pagina/materia?id=21741. Publicado dia 10 de fevereiro de 2015. Acesso em abril de 2018.

33 Provimento Conjunto n. 03/2015 que institui uma parceria entre o Tribunal de Justiça de São Paulo, o Ministério da Justiça e o Conselho Nacional de Justiça para implementação das audiências de custódia na capital paulista. Disponível em: http://www.tjsp.jus.br/Handlers/FileFetch.ashx?id_arquivo=65062. Acesso em abril de 2018.

vação de lei que altera o processo penal brasileiro[34]. Já a Associação de Delegados de Polícia do Brasil (Adepol) impetrou Ação Direta de Inconstitucionalidade no Supremo Tribunal Federal, com os mesmos argumentos do Mandado de Segurança do Ministério Público[35]. Ambas ações foram consideradas improcedentes e as audiências de custódia foram mantidas.

Outras cidades e outros estados brasileiros tiveram processos diferentes de implementação das audiências, em que outros atores foram mais ativos, com diferentes questões a serem enfrentadas para lograr uma cooperação eficiente. O fato é que o "sucesso" na aprovação das audiências por um provimento do Tribunal de Justiça em São Paulo foi usado como ferramenta para que o CNJ passasse a fazer outros acordos de cooperação nos demais estados brasileiros, usando São Paulo como propaganda. O Projeto de Lei do Senado nº 554/2011 continua em tramitação no Senado e os debates acerca da estrutura das audiências segue em andamento.

NO FÓRUM CRIMINAL DA BARRA FUNDA

Em São Paulo, pela magnitude da esfera criminal, há um departamento do Poder Judiciário inteiro destinado a processar os flagrantes da capital: o Departamento de Inquéritos Policiais (DIPO). Em 2015, o DIPO possuía nove juízes fixos e quatro defensores públicos que trabalhavam exclusivamente na análise dos flagrantes trazidos pela autoridade policial. Nesse departamento foram instauradas as audiências de custódia.

O critério de seleção dos juízes que integram o DIPO não é público e tampouco é claro. O processo interno do Tribunal de Justiça é objeto de várias disputas políticas internas do Poder Judiciário[36]. O que não

---

34 Sentença de primeira instância referente ao Mandado de Segurança nº 2031658-86.2015.8.26.0000. Disponível em: http://s.conjur.com.br/dl/ms-audiencia-custodia-negado.pdf. Acesso em abril de 2018.

35 A ADI 5240 foi julgada improcedente em agosto de 2015 por unanimidade entre os ministros da Corte. Acórdão disponível em: http://redir.stf.jus.br/paginadorpub/paginador.jsp?docTP=TP&docID=10167333. Acesso em abril de 2018.

36 Não há publicações do Tribunal de Justiça sobre os critérios utilizados para alocações internas. Em conversa com os juízes, no entanto, foi mencionado que a escolha depende primordialmente da afinidade pessoal do juiz corregedor responsável pelo DIPO. Na Conclusão deste trabalho, há um comentário sobre a atualização dos quadros dos juízes que hoje integram o DIPO em São Paulo.

se pode deixar de notar é que, em São Paulo, além do termo de cooperação que obrigava a participação dos órgãos dos dois poderes, a iniciativa contou com a presença de uma pessoa que foi peça-chave nessa negociação: o juiz corregedor do DIPO, responsável pela operacionalização das audiências no fórum, foi essencial no processo. O carisma e a atitude desse juiz eram ressaltados por todos no campo. Certa vez, ele me disse: se em São Paulo, que possui o maior número de presos do Brasil, deu certo, por que em outros lugares não daria?

Graças a seu empenho pessoal, esse juiz conseguiu "acalmar os ânimos" dos promotores, que, desde o começo, demonstraram-se resistentes ao projeto. Ele dizia manter uma política "portas abertas", o que significava que estava acessível a qualquer um que quisesse conversar com ele em seu gabinete pessoal. Para um juiz, essa atitude o destacava – e muito – dos seus colegas. A confiança que o então presidente do Tribunal de Justiça depositou nele foi frutífera porque, de fato, em menos de um ano as audiências de custódia já aconteciam para todos os flagrantes da capital.

Esse juiz detinha uma centralidade decisiva em todos os imprevistos que iam aparecendo: ele conversava frequentemente com policiais para organizar a locomoção dos presos, falava com os defensores públicos para reclamar da falta de defensores suficientes, coordenava a contratação da empresa privada que passou a oferecer o serviço de tecnologia das audiências, dentre outras atividades. Foi ele, por fim, que permitiu que o IDDD fizesse a pesquisa de campo, consultasse os processos e tirasse cópia dos vídeos das audiências. Ele, de fato, sempre nos recebeu de "portas abertas".

A vontade de fazer dar certo – ou o senso de obrigação – desse juiz era tão grande que ele tentava "consertar" o fato de que, até então, não havia audiências de custódia nos finais de semana. Na segunda-feira, junto com seu assessor, ele relia todos os casos que haviam sido decididos pelo juiz de plantão naquele final de semana e fazia uma separação entre os casos que ele achava que o juiz tinha tomado uma boa decisão e casos em que deveria haver uma audiência de custódia, mesmo que fora do prazo. Na segunda-feira ele localizava as pessoas que já tinham sido levadas ao CDP e as convocava para a audiência de custódia na terça. Ele, então, fazia essas audiências, ele mesmo, e soltava as pessoas que haviam sido presas.

Essa revisão da decisão era considerada um absurdo pelos promotores. Não existe juridicamente uma possibilidade de um juiz de primeira instância revisar a decisão de outro juiz equiparado a ele. Pela lei, a decisão tomada no final de semana deveria prevalecer e só poderia ser revista pelo Tribunal de Justiça, em segunda instância. Para ele, no entanto, aquelas pessoas haviam tido um direito negado, já que o tratamento dado a quem era preso no final de semana era muito diferente de quem era preso durante a semana. Os defensores não reclamavam desse procedimento, pelo contrário, já que seriam decisões que eles mesmos tentariam reverter se esse juiz não realizasse essas audiências.

Os casos que ele revia eram de crimes sem violência: furto de supermercado (furto famélico), mulheres apreendidas na fila da visita do presídio com pequenas quantidades de droga, receptação, etc. Segundo esse juiz, os juízes que ficavam nos plantões de final de semana, que não eram necessariamente juízes criminais, eram "desacostumados com o crime" e acabavam determinando a prisão provisória para casos que não deveriam. Os demais juízes do DIPO, com exceção de algumas juízas mulheres, manifestavam apoio a essa revisão feita pelo juiz corregedor e concordavam que os juízes do plantão eram "muito duros" e não sabiam "trabalhar no criminal".

Entre os nove juízes do DIPO, ocorria um revezamento para compor as seis vagas que ficavam diariamente destinadas às audiências. Passou a haver a divisão entre "dia dos homens" e "dia das mulheres", o que significava que eles realizariam as audiências em dias alternados, enquanto o outro grupo permaneceria em seus gabinetes realizando outros trabalhos. Esse revezamento não foi instituído pelo Tribunal, mas partiu dos próprios juízes, que preferiram essa divisão por gêneros, por uma questão de produtividade e comunicação, como explicarei melhor no capítulo II.

A ESTRUTURA FÍSICA DAS AUDIÊNCIAS DE CUSTÓDIA

Em um antigo plenário do tribunal do júri, no Fórum Criminal da Barra Funda, foi montada uma estrutura provisória para a realização das audiências. A estrutura contava com os seguintes elementos: (i) seis salas de audiências pequenas, separadas por biombos frágeis que permitiam a escuta de uma sala à outra, (ii) duas salas destinadas ao Instituto Médico Legal (IML), (iii) o cartório para recebimento dos Autos de Prisão em Flagrante e distribuição dos custodiados, (iv) corredores que dividiam as salas, (v) banco de espera para os advogados particulares e (vi) a Central de Alternativas Penais e Inclusão Social (CEAPIS).

A estrutura montada em 2015 não existe mais. Por uma reforma que durou quase dois anos, o Tribunal de Justiça construiu uma estrutura permanente para as audiências, no subsolo do Fórum Criminal da Barra Funda. Agora, não há mais a provisoriedade – a construção é fixa, grande, espaçosa, muito diferente da estrutura que descreverei abaixo. O investimento feito acabou com as desculpas da não realização das audiências em finais de semana, mas, mesmo assim, só depois de quase um ano com a nova estrutura é que os plantões judiciários passaram a realizar as audiências de custódia em finais de semana e feriados, por uma rotatividade dos juízes do próprio DIPO[37].

(i) AS SALAS

As salas de audiências de custódia eram pequenas e constituíam-se de alguns elementos simples: uma mesa grande onde se sentavam os operadores; duas cadeiras (as vezes três) para espectadores, que normalmente eram advogados ou estudantes de Direito; uma mesa pequena para o escrevente, com um computador para a gravação dos CDS; e a mesa que ficava mais alta, do juiz, com um computador e uma câmera posicionada de frente para a ponta da mesa, onde se sentava a pessoa custodiada.

---

37 As implementações gradativas das audiências de custódia, bem como a regulamentação interna pelo Tribunal de Justiça de São Paulo, podem ser acompanhadas pelo seguinte link: http://www.tjsp.jus.br/CanaisComunicacao/PlantaoJudiciario/ AudenciasDeCustodia. Acesso em abril de 2018.

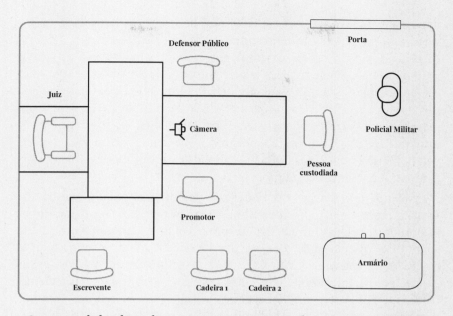

O material dos biombos que separavam as salas era, à época da implementação, muito frágeis. Era possível ouvir o que se passava na sala ao lado e o que acontecia nos corredores. Isso ocasionava interferências acidentais de uma audiência a outra, como por exemplo quando alguém falava mais alto ou gritava e acabava atrapalhando a audiência que acontecia do outro lado. Ao mesmo tempo, às vezes essa fragilidade permitia uma comunicação: os juízes podiam se comunicar entre as audiências sobre o que acabavam de ter ouvido, cutucando a parede que os separava pelas costas. Os comentários informais também fazem parte do que era essencial de ser observado nesse campo.

Fazia parte da sala, também, o espaço dos escreventes. Como as audiências foram montadas às pressas e de forma improvisada, o Tribunal de Justiça não tinha tido tempo de fazer um concurso público para contratar escreventes para essa função. Houve então a contratação de uma empresa privada, que realizava esse serviço de forma terceirizada. Eles eram cerca de sete funcionários (seis escreventes e um coordenador) que eram encarregados de operacionalizar a audiência: comunicavam-se com a Polícia Militar para organizar a escolta, com os operadores para iniciar ou interromper audiências, gravar e copiar os CDs dos vídeos, deixar os processos em ordem para voltarem ao cartório.

Eles eram todos muito simpáticos e me ajudaram muito durante a pesquisa. Os seis jovens que ficavam distribuídos nas salas sempre conversavam comigo e me faziam companhia nos momentos de intervalo. Rapidamente aprendi o nome de todos e passamos a ter certa intimidade. O coordenador geral, um homem grisalho e muito simpático, começou a se interessar pelo o que eu fazia ali. Diversas vezes conversamos nos horários de almoço, sentados nos bancos de espera dos advogados. Ele me contou a história de vida dele e eu sentia um carinho bem grande pela disponibilidade que ele demonstrava em me ajudar. Ele me chamava de "menina" e me dizia que eu não deveria estar "metida com essas coisas tão pesadas", referindo-se a ficar assistindo audiências o dia inteiro.

Apesar de públicas, os familiares das pessoas custodiadas, ainda que estivessem presentes no fórum, não eram autorizadas a acompanhar as audiências. Uma funcionária responsável pela segurança interna do fórum ficava em frente ao corredor de acesso às salas, controlando quem entrava para assistir. Certa vez, perguntei a um juiz o porquê de não ser permitido que familiares assistissem às audiências e ele me disse que era para evitar problemas, usando como exemplo "pessoas que passam mal" ao ver um familiar ser preso. Mesmo assim, por vezes eu encontrava familiares de algum custodiado nos corredores, do lado de fora, querendo informações. Alguns, inclusive, já tinham em mãos alguns documentos que poderiam ser usados pela defesa, mas esse contato era sempre dificultado pelos funcionários, que não permitiam a conversa e a aproximação. Esse "acesso público", portanto, restringia-se a pesquisadores e estudantes, que se identificavam e se apresentavam a um funcionário da segurança e eram, então, autorizados a acompanhar as audiências.

(ii) INSTITUTO MÉDICO LEGAL (IML)

A criação de duas salas para os médicos do IML também foi um dos grandes pontos de debate na criação das audiências. Os exames realizados nessas salas eram de duas naturezas: ou para aquelas que tinham a decisão de conversão da prisão em flagrante em provisória e ingressariam no sistema prisional, já que o exame é considerado obrigatório pela Secretaria de Administração Penitenciária; ou então para aqueles em cuja audiência o juiz havia determinado a realização da abertura do procedimento de investigação de abusos policiais.

Eu pessoalmente nunca acompanhei um exame. Eles eram sigilosos e aconteciam com a presença do médico, membro da Superintendência da Polícia Técnico-Científica de São Paulo, e do policial militar responsável pela escolta. As salas do IML ficavam aos fundos da estrutura das audiências, onde não havia circulação de pessoas não autorizadas. Os resultados desses exames, os laudos médicos, eram posteriormente anexados ao processo da pessoa e ao procedimento encaminhado para apuração de abusos policiais. O fato de que o médico do IML era, ele mesmo, um membro da Polícia, mesmo que da Científica, sempre me causou certa estranheza[38].

Pela análise dos resultados dos exames que eram anexados ao processo, foi possível perceber que ele se dividia em três principais tipos de resultados: "lesão corporal de natureza leve", "lesão corporal de natureza grave", ou "impossibilidade de detectar lesão relevante"[39]. Segundo um médico do IML, com quem conversei no início da pesquisa de campo, eram feitas perguntas à pessoa custodiada sobre como teria sido a prisão em flagrante e, em seguida, era realizada uma anamnese para verificar possíveis lesões corporais. O exame não contemplava nenhum aspecto psicológico.

O debate sobre o IML ocorreu devido a algumas organizações da sociedade civil considerarem que seria mais relevante que esse exame fosse feito *antes* da audiência, de forma que o juiz já tivesse o resultado quando analisasse o flagrante[40]. Isso ajudaria na identificação de casos de abusos policiais desde o começo. Quando questionei os responsáveis pela coordenação da audiência sobre isso, disseram-me que submeter todos os presos ao exame seria muito demorado e, para os casos de liberdade provisória sem o relato de agressão, seria um exame desnecessário que seria descartado.

Dos processos que acompanhei, não houve nenhum registro de "lesão corporal grave", mas em 48 casos foi registrado "lesão corporal le-

---

38 Para entender a existência do Instituto Médico Legal (IML) como parte da estrutura da Superintendência Polícia Técnico-Científica do Estado de São Paulo, consultar: http://www.policiacientifica.sp.gov.br/. Acesso em abril de 2018.

39 As variações dos resultados dos exames do IML podem ser vistas no Relatório Tortura Blindada da Conectas Direitos Humanos, p. 89. Disponível em: http://www.conectas.org/arquivos/editor/files/Relato%CC%81rio%20completo_Tortura%20blindada_Conectas%20Direitos%20Humanos(1).pdf. Acesso em abril de 2018.

40 Os relatórios das entidades que acompanharam a implementação das audiências de custódia sempre se referem à problemática de ter um membro da Polícia Civil realizando a verificação de maus tratos policiais. Vide Relatório do IDDD, disponível em http://www.iddd.org.br/wp-content/uploads/2016/05/Relatorio-AC-SP.pdf . Acesso em abril de 2018.

ve"[41]. Observei que o resultado desse exame era quase definitivo quanto ao arquivamento posterior do procedimento. Era necessário que o exame indicasse pelo menos uma lesão leve para que o caso fosse levado adiante. Relatos de maus tratos verbais, emocionais ou morais nunca constavam registrados nesse laudo, que tinha uma finalidade restrita à detecção médica de marcas físicas visíveis.

(iii) CARTÓRIO

O cartório das audiências de custódia contava com funcionários do Tribunal de Justiça responsáveis por receber os flagrantes trazidos pela Polícia Civil, organizá-los, separá-los pelas salas de audiência, receber as decisões e comunicar à escolta qual seria o destino da pessoa que estava na carceragem. A distribuição entre os flagrantes nas salas parecia ser aleatória, mas na verdade, em alguns momentos, havia negociações sobre qual juiz receberia qual flagrante, a depender do ritmo de audiências de uma sala, ou seja, da rapidez com que se realizavam as audiências.

Os casos que pareciam mais trabalhosos eram aqueles que contavam com mais de uma pessoa presa. Um flagrante com oito indivíduos foi o maior que eu cheguei a presenciar. Havia sempre uma intensa comunicação com a Polícia Militar, que realizava a escolta, e com os policiais civis, que chegavam com os documentos.

Percebia alguns atritos entre funcionários quando ocorriam erros na contagem de processos e de pessoas na carceragem, mas o que mais provocava desconforto eram os atrasos: se alguém, na sequência em que estavam organizadas as entregas, atrasasse, correria o risco de se exceder o prazo de 24 horas do momento do flagrante e alguns juízes determinavam o relaxamento daquela prisão por descumprimento do prazo previsto pelo provimento. Segundo o funcionário-chefe do cartório, isso era o pior que podia acontecer, porque dava a sensação de que o trabalho foi todo "por água abaixo".

(iv) CORREDORES

Acredito que, normalmente, corredores são vistos como não-lugares, por serem lugares de passagem. Em uma descrição etnográfica, no

---

41 Relatório do IDDD, p. 69.

entanto, é essencial dar importância a esses momentos de encontros rápidos, de relance. Eles também significam algo.

No caso das audiências de custódia, os corredores são essenciais na dinâmica que se estabeleceu, principalmente porque é onde a pessoa custodiada encontra seu defensor ou advogado. A pessoa chega, algemada, conduzida por um policial militar que a coloca de frente para a parede. O defensor ou advogado então se aproxima, normalmente tendo em mãos o auto de prisão em flagrante, e eles conversam ali, na porta da sala.

Quem transita pelas audiências consegue ver e ouvir essas conversas. São momentos delicados, em que se estabelece uma estratégia de defesa, porém não deixam de ser vigiados pelos policiais da escolta. Presenciei por diversas vezes a situação em que o defensor perguntava se a pessoa havia sofrido violência no momento do flagrante e então pedia para o policial militar se afastar, porque a pessoa parecia estar constrangida pela presença próxima de um membro da polícia.

Também eram nos corredores que eu via os policiais militares se comunicarem entre si e era ali que eles interagiam comigo. Dentro da sala, com os operadores, eles eram sempre muito formais e apenas conduziam a pessoa custodiada em silêncio. Lá fora, eles relaxavam um pouco mais. Depois de meses em campo, aprendi o nome de alguns deles e passamos a nos cumprimentar e a ter conversas rápidas nos intervalos das audiências. Nunca tive problemas com eles, sempre me trataram bem. Alguns se interessavam em entender o que eu "tanto anotava", mas outros simplesmente aceitaram minha presença ali sem fazer muitas perguntas.

Certa vez, uma policial militar se aproximou de mim e perguntou se eu tinha dó das pessoas custodiadas. Ao invés de responder, eu perguntei o que ela achava. Ela me disse que eram muito nítidas as diferenças entre quem era "do crime" e quem "deu azar". Segundo ela, os policiais "logo de cara" conseguiam diferenciar os tipos de crimes e os tipos de pessoas que eram levados às audiências. Ela me disse que tinha dó "dos pobres coitados que se metem com crack" mas que não tinha dó de quem era "bandido de verdade". Eu perguntei o que ela achava das audiências em específico e ela me disse: "então, é bom para o juiz ver essa diferença também, nem todo mundo que chega aqui merece estar aqui".

(v) BANCO DE ESPERA

Os bancos de espera das audiências de custódia, assim como os corredores, podem também ser vistos como não-lugares. Era ali onde os advogados particulares aguardavam antes de serem chamados para as audiências de seus clientes. Como não havia ordem de chegada dos presos levados pela Polícia Civil, tampouco havia uma ordem de chamada das audiências, o que irritava muito os advogados que chegavam ali sem saber a que horas poderiam sair. Certa vez, conversei com um advogado que esperava a audiência de seu cliente já havia 3 horas. Ele me disse que "ninguém sabia informar" se ele seria chamado em breve ou se o cliente sequer havia chegado da delegacia para o fórum.

Essa falta de informação e de organização causava um desconforto muito grande entre os advogados e os funcionários que organizavam as audiências. Depois de alguns meses, o funcionário responsável pela coordenação geral me disse que estava tentando "melhorar a situação" passando na frente custodiados que tinham advogados. Assim os advogados eram liberados mais cedo.

O que chegava a acontecer, também com frequência, era que o custodiado com advogado era atendido por alguém da Defensoria Pública, porque no momento da sua audiência ninguém havia chegado para representá-lo.

Além desses casos "acidentais" em que o advogado perdia a chance de cobrar por um serviço, certa vez uma defensora comentou comigo que familiares de presos chegavam para serem atendidos no DIPO relatando que haviam sido cobrados pela audiência de custódia. Aparentemente, alguns advogados tinham acesso aos nomes das pessoas que eram levadas e aplicavam esse "golpe" na família. Essa situação durou alguns meses, segundo ela, mas depois parou de acontecer.

Os bancos de espera também eram lugares de encontros entre operadores. Havia duas mesas postas lado-a-lado: a do Ministério Público e da Defensoria Pública. Cada uma contava com um funcionário responsável por receber os processos e separá-los para quem iria conduzir aquela audiência. Nesse vai-e-vem e no entra-e-sai de audiências, promotores e defensores eventualmente se cruzavam ali, na presença de advogados que esperavam sua vez. Comentários sobre as audiências eram inevitáveis, mas é difícil dizer que o clima entre eles era "bom", na maior parte das vezes não era. Era interessante observar esse momento de encontro e eu gostava de ficar sentada no banco olhando a orquestra tocar.

(vi) CENTRAL DE ALTERNATIVAS PENAIS E INCLUSÃO SOCIAL (CEAPIS)

O CEAPIS foi criado para atender às pessoas que, em audiência de custódia, são consideradas "socialmente vulneráveis". Esse critério de vulnerabilidade era decidido pelos juízes das audiências e se aplicavam, principalmente, para casos de pessoas com drogadição e pessoas em situação de rua. Apenas aquelas que recebiam a liberdade em audiência poderiam ser encaminhadas ao atendimento. A responsabilidade pelo CEAPIS até hoje é da Secretaria de Administração Penitenciária (SAP) e no relatório de monitoramento do IDDD foi ressaltada a sua relevância, segundo os operadores entrevistados para a pesquisa, na composição desse órgão na estrutura de recebimento dos presos em flagrante na capital paulista[42].

A sala do CEAPIS não fica, até hoje, próxima às salas das audiências. Foi montada em 2015 uma sala no andar debaixo do fórum para o atendimento e, mesmo com a reforma, ali permaneceu. A central conta com uma psicóloga, uma assistente social e quatro estagiários. O atendimento deles consiste, basicamente, em identificar qual a situação daquela pessoa e fazer o encaminhamento para outras centrais de atendimento da capital paulista, ou seja, um serviço de *passagem,* em que a equipe identifica a necessidade de atendimento e faz o contato, seja com um albergue ou com um Centro de Atenção Psicossocial (CAPS) e diz à pessoa aonde ela deve ir.

O custodiado é levado ao CEAPIS sempre ao final da realização das audiências, em dois turnos: ou de manhã, por volta das 11h30, ou à tarde, por volta das 16h30. O fluxo de pessoas é bem aleatório e em alguns dias ninguém é encaminhado, enquanto em outros a espera para atendimento é grande. A "entrevista", como a psicóloga chama, pode levar até uma hora e são perguntados detalhes da vida pessoal que ajudem a identificar de qual tipo de serviço de assistência social aquela pessoa necessita.

Eu acompanhei a equipe durante uma tarde inteira e fiz mais quatro visitas pontuais em dez meses, principalmente para checar dados de quantas pessoas haviam sido encaminhadas, quantas de fato haviam chegado às unidades da prefeitura e quantas retornaram ao CEAPIS. Todos os funcionários demonstraram-se muito atenciosos com os custodiados e bem diferentes do "andar de cima" que recebia para as audiências: os estagiários serviam café, chá, biscoitos. Olhavam nos

---

42 Relatório do IDDD, p. 17.

olhos, chamavam pelos nomes, deixavam claro que aquele era um serviço opcional e não obrigatório. Sem algemas, as pessoas recém-libertas pareciam bem mais relaxadas naquele ambiente. Ao final do atendimento, com um papel que continha um endereço na mão, a pessoa ganhava um passe de ônibus para dirigir-se ao estabelecimento para onde tinha sido encaminhada.

O comparecimento periódico em juízo, determinado em audiência, poderia ter como recomendação o acompanhamento do CEAPIS, que é diferente da assinatura no cartório, em que a pessoa fica judicialmente obrigada a fazer. No entanto, conversando com a psicóloga responsável, fui informada que pouquíssimos retornavam ao CEAPIS depois que ganhavam a liberdade e que, na verdade, os serviços para os quais eles eram encaminhados muitas vezes sequer tinham vagas para recebê-los, o que inviabilizava o trabalho delas. Isso significa que muitas vezes elas faziam a entrevista já sabendo que aquela pessoa não teria vaga para o atendimento do qual precisava, mas faziam seu trabalho mesmo assim.

O descontentamento das profissionais do CEAPIS se dava, basicamente, em duas medidas: primeiro, na falta de recursos – elas mesmas buscaram doações de agasalhos e chinelos para dar às pessoas que atendiam, porque a própria SAP não disponibilizava nada. Essa falta de recursos incluía a inexistência de transporte adequado, já que, nesse deslocamento da pessoa atendida até o serviço de acolhimento, muitos não chegavam ao seu destino e abandonavam o que poderia ser o início de um tratamento importante de saúde ou de acolhimento; segundo, no "despejamento" que acontecia no trabalho delas – segundo a psicóloga, o CEAPIS atendia pessoas "com quem o Estado já falhou em absolutamente tudo e agora esperam que a assistência social conserte". Ela se referia à esperança que depositavam nesse encaminhamento como uma forma de "corrigir a pessoa" ou fazê-la "endireitar na vida".

Segundo o acompanhamento feito pelo próprio CNJ, é reconhecido que o papel do CEAPIS passou a ser muito mais amplo do que apenas promover o serviço de encaminhamento. Por estar nessa posição não jurídica de acolhimento, o órgão tem mais demandas materiais e de recursos humanos que outras instituições vinculadas aos órgãos do Poder Judiciário que estão no fórum. Além disso, embora esteja em permanente contato com as secretarias municipais, ainda é um órgão de competência estadual. Em matéria publicada pelo site do próprio CNJ no começo de 2016[43]:

A maior necessidade das pessoas que chegam para atendimento é alimentação – foram 1.150 lanches fornecidos pelo órgão em 2015 -, além de vale-transporte para voltarem para casa. Dos atendidos, 620 foram encaminhados para tratamento de drogadição e 430 de alcoolismo, enquanto 28 conseguiram empregos, por meio de parcerias firmadas entre o CEAPIS e programas de emprego do governo estadual.

O CEAPIS com certeza seria um campo de estudo antropológico riquíssimo e, embora não seja o enfoque deste trabalho, é impossível ignorar a questão das vulnerabilidades que apareciam nas audiências de custódia. A meu ver, a existência de uma central de atendimento em São Paulo concedia um certo "alívio moral" aos juízes que decidiam pela liberdade da pessoa custodiada, mas que tinham a necessidade de vinculá-la a um serviço fornecido pelo Estado, retirando a sensação de impunidade que resultaria de uma liberdade "simples". Apesar de nunca terem ido conhecer o CEAPIS pessoalmente durante a minha estadia em campo, os juízes falavam com muita firmeza sobre esse serviço, como se soubessem exatamente que aquela era a opção mais adequada para aquela situação específica de vulnerabilidade que eles, mesmo sem capacitação alguma, tinham identificado na pessoa presa.

3. A ESTRUTURA CRIADA PARA OS CASOS DE VIOLÊNCIA POLICIAL

Nesse departamento, o DIPO, foi também criado um mecanismo de apuração de violência policial diferente de outros estados: ao auto de prisão em flagrante, já com a decisão tomada em audiência de custódia, eram anexados um requerimento específico de instauração do procedimento assinado pelo juiz que realizou a audiência, o vídeo da audiência e o resultado do exame de corpo de delito realizado pelo IML do fórum. Todos esses documentos eram encaminhados ao chamado DIPO 5, o cartório responsável por organizar a apuração desses casos, que correm via administrativa. A responsabilidade por esses procedimentos era do juiz corregedor da Polícia Civil.

---

43 Portal do CNJ, "Audiências de Custódia em São Paulo possibilitam reinserção social". Disponível em: http://www.cnj.jus.br/noticias/cnj/81402-audiencias-de-custodia-em-sao-paulo-possibilitam-reinsercao-social. Matéria publicada em 27 de janeiro de 2016. Acesso em abril de 2018.

Apesar de o objetivo formal declarado de criar as audiências de custódia para apuração de maus tratos policiais, é difícil dizer de quem era especificamente essa demanda dentro do Estado. A organização em São Paulo do DIPO 5 parecia um *encaixe* em uma organização prévia, mas sem mudanças na lógica com que já funcionavam as investigações que chegavam antes da instauração das audiências. O cartório do DIPO 5 já estava empilhado antes da criação das audiências, porque eles já eram responsáveis tanto por procedimentos relacionados a abusos policiais como todos os outros relacionados a organização das polícias que envolvessem autorização judicial e eles não foram reformados para absorver novas demandas.

A responsabilidade pela apuração de casos de violência policial é, constitucionalmente, do Ministério Público[44]. Eles possuem, dentro do fórum, um órgão dedicado exclusivamente a isso, chamado de GECEP[45], que também já existia antes das audiências, realizando investigações paralelas dentro das polícias. Apesar dessa atribuição, presenciei somente 8 casos em que o promotor foi quem pediu a investigação de abuso policial em audiência, enquanto em 34 vezes foi a defesa, que não possui necessariamente essa função legal[46].

Em uma pesquisa do Conselho Nacional de Justiça, publicada em 2017, 21,6% das pessoas apresentadas em audiências de custódia confirmaram ter sofrido violência policial de algum tipo (física ou verbal)[47]. Eu, pessoalmente, presenciei 141 casos em que os presos relataram abusos, desconsiderando aqueles em que eles apareciam visivelmente machucados, mas nada diziam ou lhes era perguntado. A criação das audiências de custódia com a finalidade específica de apurar abusos policiais foi e ainda é um dos grandes embates ao redor das

---

44 O Artigo 129, inciso VII, da Constituição Federal, diz que: "Art. 129. São funções institucionais do Ministério Público: VII - exercer o controle externo da atividade policial, na forma da lei complementar mencionada no artigo anterior".

45 Criação e gestão do GECEP, dentro da estrutura do Ministério Público. Disponível em: http://www.mpsp.mp.br/portal/page/portal/GECEP. Acesso em abril de 2018.

46 Relatório do IDDD, p. 67.

47 Sumário Executivo Justiça Pesquisa Direitos e Garantias Fundamentais: "Audiência de Custódia, Prisão Provisória e Medidas Cautelares: Obstáculos Institucionais e Ideológicos à Efetivação da Liberdade como Regra", p. 19. Disponível eletronicamente em: http://www.cnj.jus.br/files/conteudo/arquivo/2018/01/de5467478e38e2f29d1345d40ac6ba54.pdf. Acesso em abril de 2018.

audiências de custódia, sendo objeto específico de pressão por parte das organizações da sociedade civil que realizam seu monitoramento[48].

O procedimento interno do DIPO 5 era misterioso. Durante os seis primeiros meses de 2015, os casos chegavam ao DIPO 5 e eram encaminhados às Corregedorias de Polícia para que elas se manifestassem sobre o abuso policial relatado. As Corregedorias então manifestavam-se a favor do arquivamento das denúncias. O juiz corregedor, em outubro de 2015, foi o primeiro a tentar alterar o procedimento e, além das Corregedorias, o grupo especial do Ministério Público, o GECEP, também recebia uma cópia dos procedimentos que eram encaminhados ao DIPO 5 e eram provocados a se manifestarem.

Dentro da Corregedoria, no entanto, o caso é encaminhado para a Delegacia de Polícia de onde partiu o auto de prisão em flagrante, para que eles se manifestem sobre a denúncia, ou seja, os policiais acusados de abuso passam a ter um prazo para responderem sobre o que foi relatado em audiência, tendo acesso não só ao processo da pessoa que os denunciou, como ao vídeo da audiência.

O DIPO 5 então apenas organizava a distribuição do procedimento para as duas instituições que irão se manifestar sobre o caso, já que se tratava de um órgão do Poder Judiciário que não tem poderes investigativos próprios e agia apenas depois de ser juridicamente provocado. Caso alguma das Corregedorias ou o GECEP pedissem a abertura de um inquérito policial, o caso ganhava um novo número e passava a ser uma investigação de crime como qualquer outro, saindo do DIPO 5 e indo para outro subdepartamento, normalmente o DIPO 3 ou 4. O outro possível destino do procedimento era o arquivamento, requisitado por uma das duas instituições e autorizado pelo juiz corregedor responsável.

Em julho de 2016, junto com a equipe do IDDD, tentamos obter junto ao DIPO 5 informações sobre os encaminhamentos dos casos que eu havia acompanhado durante o trabalho de campo em 2015. Os casos estavam distribuídos entre as Corregedorias, o GECEP ou já tinham sido arquivados. Como eles ainda poderiam ser movimentados

---

48 A Comissão Nacional da Verdade, em seu relatório final sobre violações de direitos humanos na época da Ditadura Militar brasileira, elabora 12 recomendações que mencionam diretamente a reforma no sistema de justiça afim de impedir a continuidade da violência policial nos tempos atuais. Relatório final da Comissão Nacional da Verdade, capítulo 18 – Conclusões e Recomendações, disponível em: http://www.cnv.gov.br/images/pdf/relatorio/Capitulo%2018.pdf. Acesso julho de 2016.

de uma organização para outra, não é possível dizer se todos acabaram sendo arquivados. O próprio DIPO 5 produz estatísticas sobre os procedimentos internos, mas apenas por números totais, não sendo possível rastrear os procedimentos. Nossa equipe teve que ir atrás de caso por caso para poder descobrir onde estavam, mas, como não há prazos para as respostas, muitos não foram sequer encontrados, pois podiam estar "em trânsito".

Em 13 de outubro de 2017, o então Presidente da República Michel Temer sancionou a Lei 13.491 que altera a competência de crimes cometidos por policiais militares em serviço, retirando a competência da justiça comum e transformando em competência da Justiça Militar[49]. Pesquisadores que estiveram no DIPO em 2018 e 2019 me informaram que, agora, o encaminhamento das audiências de custódia em que há relato de abuso por parte de policiais militares é feito diretamente à Justiça Militar ou à Corregedoria da Polícia Civil, sem a intermediação do DIPO 5 nesse procedimento[50]. Os impactos dessa mudança ainda não podem ser previstos e devem ser pesquisados mais profundamente. De qualquer forma, os resultados presentes neste trabalho se devem ao ano de 2015 e não recaem especificamente sobre essa fase de apuração que acontece após as audiências de custódia.

4.   DEBATES E DISPUTAS

O IDDD E AS OUTRAS ORGANIZAÇÕES DA SOCIEDADE CIVIL

Como já mencionado, o Instituto de Defesa do Direito de Defesa (IDDD), organização da sociedade civil composta por advogados criminalistas, redigiu em 2011 o Projeto de Lei do Senado nº 554/2011, que previa a implementação das audiências de custódia como regra do processo penal em todo o território nacional. Por ter sido um ator-chave para disseminar a ideia desse mecanismo, surgiu a parceria para que essa organização fizesse o trabalho de monitoramento de um projeto piloto em São Paulo. O Termo de Cooperação Técnica n. 07, que tra-

---

49 O texto da Lei 13.491 de 13 de outubro de 2017 pode ser encontrado no seguinte link: http://www.planalto.gov.br/ccivil_03/_ato2015-2018/2017/lei/L13491. htm. Acesso em abril de 2018.

50 Algumas considerações são feitas sobre essa alteração na Apresentação do presente livro.

tava deste monitoramento, foi assinado entre o CNJ, o Ministério da Justiça e o IDDD em abril de 2015[51].

Ao ser contratada como pesquisadora, antes mesmos da assinatura do termo, passei a acompanhar as audiências diariamente, assistindo de dez a doze audiências por dia, desde seu início, em 24 de fevereiro de 2015. Como mencionado na Introdução, ao final dos dez meses, os dados coletados somavam 692 pessoas acompanhadas, e, além do caderno de campo e da tabela padrão de preenchimento com 588 audiências tabuladas, também extraímos cópias de vídeos de 223 dessas audiências e realizamos entrevistas com os operadores responsáveis por elas. O relatório fruto dessa pesquisa foi publicado em maio de 2016[52].

O IDDD segue atuando no debate legislativo ainda existente acerca da legalização das audiências de custódia[53]. O projeto, que ainda se encontra em debate no Congresso Nacional, tem vários pontos a serem discutidos, quanto à formalização da prática das audiências em todo o território nacional. O relatório foi bem recebido como mecanismo de fiscalização da sociedade civil e o acordo com o CNJ passou a englobar também uma pesquisa em todos os estados, além de São Paulo, rendendo mais uma publicação sobre o panorama nacional[54]. Como equipe, fizemos o esforço de adaptar os formulários que utilizei na capital paulista para que fossem aplicados em outras cidades, por equipes de pesquisadores parceiros.

Em fevereiro de 2017, a Conectas Direitos Humanos também lançou um relatório referente às audiências de custódia, intitulado "Tortura Blindada"[55]. Nesse relatório, foram analisadas audiências em que os

---

51 Termo de Cooperação Técnica n. 07 de 2015. Disponível em: http://www.cnj. jus.br/files/conteudo/arquivo/2015/10/f4787a2be248561964bb3d10a7c3bc22.pdf. Acesso em abril de 2018.

52 Relatório do IDDD, "Monitoramento das audiências de custódia em São Paulo", disponível em: http://www.iddd.org.br/wp-content/uploads/2016/05/ Relatorio-AC-SP.pdf. Acesso em dezembro de 2016.

53 O próprio IDDD segue monitorando, junto com organizações parceiras, os debates legislativos acerca das audiências. Para mais informações, vide o site do instituto: http://www.iddd.org.br/index.php/projetos/audienciadecustodia/.

54 "Audiências de Custódia: Panorama Nacional". Disponível em: http://www.iddd. org.br/wp-content/uploads/2017/12/Audiencias-de-Custodia_Panorama-Nacional_ Relatorio.pdf. Acesso em abril de 2018.

55 Conectas Direitos Humanos, "Tortura Blindada". Disponível eletronicamente em: http://www.conectas.org/arquivos/editor/files/Relato%cc%81rio%20comple-

presos relatavam agressões policiais no momento do flagrante e quais as medidas jurídicas tomadas a partir desses casos. O arquivamento e o "engavetamento" dos casos foram as principais críticas: o mecanismo criado para apurar violências policiais não só não estava equipado para a apuração de abusos, como legitimava o discurso de que a polícia paulista não é violenta, já que a estatística final era de que nenhuma agressão foi de fato apurada.

O Instituto Terra Trabalho e Cidadania (ITTC) também publicou diversas matérias e reportagens sobre a implementação das audiências[56]. Em suas publicações, o objetivo da organização era o de lançar um olhar específico às questões de gênero comuns nas cenas de flagrante, principalmente a situação de mulheres grávidas ou com filhos pequenos e o tratamento dado à população LGBT. A Pastoral Carcerária, na mesma linha, publicou diversas notas sobre a implementação das audiências de custódia, ressaltando pontos como a permanência de altas taxas de prisão provisória e a implementação pela metade, já que as audiências em São Paulo não eram realizadas nos finais de semana[57].

Pesquisadores independentes, estudantes de Direito e de Ciências Sociais, também acompanharam as audiências e lançaram olhares críticos às práticas observadas a partir de uma inovação que esse mecanismo traz em si mesmo: a transparência do Poder Judiciário. As avaliações muitas vezes apontavam aspectos da atuação dos operadores do Direito que não eram novidade se comparadas à extensa bibliografia brasileira sobre o tema, mas a possibilidade de assistir audiências públicas e fugir das pesquisas documentais abriram portas ainda não exploradas de exposição e diálogo da sociedade civil com o Poder

---

to_Tortura%20blindada_Conectas%20Direitos%20Humanos(1).pdf. Acesso em julho de 2017.

56 Reportagens do Instituto Terra Trabalho e Cidadania: "Questão de Gênero na Audiência de Custódia". Disponível eletronicamente em: http://ittc.org.br/questao-de-genero-na-audiencia-de-custodia/ e "É possível processar e prender alguém respeitando os direitos humanos?", disponível eletronicamente em: http://ittc.org.br/audiencia-de-custodia-e-possivel-processar-e-prender-alguem-respeitando-os-direitos-humanos/. Acessos em julho de 2017.

57 Reportagens Pastoral Carcerária, "Audiências de Custódia", disponível eletronicamente em: http://carceraria.org.br/tag/audiencias-de-custodia; "Por mais que haja avanços, audiências de custódia precisam de implementação efetiva", disponível eletronicamente em: http://carceraria.org.br/por-mais-que-haja-avancos-audiencias-de-custodia-precisam-de-implementacao-efetiva.html. Acessos em julho de 2017.

Judiciário. A existência de uma sociedade civil organizada, que acompanha e monitora as audiências de custódia, pode vir a ter, a longo prazo, efeitos sobre o aprimoramento de políticas públicas na área da justiça criminal.

Um dos primeiros efeitos das publicações sobre as audiências de custódia e da sua expansão foi a resposta do CNJ às reclamações de que o mecanismo não estaria efetivando o seu objetivo de verificação de abusos policiais: em dezembro de 2015, o CNJ publicou um protocolo com sugestões de perguntas específicas que os juízes devem fazer para a verificação de abusos policias[58]. Apesar de não ter um caráter de obrigatoriedade, as tentativas de regular o formato das audiências vêm ao encontro da percepção de que os juízes não foram capacitados ou instruídos para tal função e que o CNJ deve minimamente "guiá-los" para que possam garantir que o assunto pelo menos surja em audiência.

O DEBATE NA GRANDE MÍDIA

A mídia, depois de fevereiro de 2015, passou a figurar como vetor importante na disseminação da utilidade e da eficiência das audiências. Há tempos que programas de televisão da TV aberta, com Datena e Marcelo Rezende, têm sua audiência atrelada aos casos de crueldade que exibem todo os dias, principalmente crimes atribuídos a adolescentes. Essa construção da sociedade brasileira como uma sociedade "contaminada pelo crime" já foi alvo de reflexões por parte de vários autores brasileiros (Adorno, 1994; Ferreira, Damázio & Aguiar, 2011; Haag, 2013). Esses mesmos canais de comunicação posicionaram-se fortemente contra a implementação das audiências.

As soluções de construção de mais presídios e penas mais duras, defendidas por alguns atores políticos importantes como o ex-deputado Eduardo Cunha e a chamada "bancada da bala", são contrapostas aos discursos de direitos humanos de desencarceramento, de combate à violência policial e da chamada "humanização" do processo penal (Lopes Jr & Paiva, 2014, p. 23). Além disso, a Comissão Nacional da

---

[58] "A publicação do Protocolo II, anexo à Resolução 213 do CNJ, pretende mitigar a carência por capacitação ao fornecer um guia para os juízes na identificação e na oitiva da pessoa custodiada que possa ter sofrido violência, inclusive prevendo que os policiais responsáveis pela custódia não devem estar presentes na sala durante a audiência (Artigo 2, incisos V, VI e VII). O protocolo também oferece técnicas de perguntas que já podem ser feitas no momento da audiência de custódia, aproveitando o momento para esclarecer as circunstâncias da agressão". Relatório do IDDD, p. 75.

Verdade recomendou expressamente a criação das audiências, quando encerrou o seu trabalho em 2014[59] e o Brasil era o único país latino-americano que ainda não havia implementado as audiências, já previstas no Pacto de San José da Costa Rica.

É nesse contexto que surgem as audiências de custódia: uma tentativa de resposta a um sistema penitenciário que não suporta o seu contingente populacional, mas que foi interpretada por diversos atores como uma forma de "passar a mão na cabeça de bandido", como descrito em vários vídeos e programas de televisão em reportagens posteriores à implementação do projeto[60].

O próprio ministro do STF, Ricardo Lewandowski, chegou a se manifestar publicamente sobre em que medida as audiências de custódia estariam nesse meio-termo entre "combater a cultura do encarceramento" sem contribuir com a "sensação de impunidade"[61]:

> Poder Judiciário, Poder Executivo e Sociedade Civil, enfim, deram conta de que a quebra dos paradigmas que fazem do "culto às prisões um ciclo pernicioso da construção de mais presídios e do aumento da população carcerária" pode, sim, justificar a adoção de outros caminhos mais efetivos no combate à criminalidade, sem comprometer a expectativa de segurança da sociedade

---

59 O relatório final da Comissão Nacional da Verdade recomendou a instauração das audiências de custódia: "Relatório Final da Comissão Nacional da Verdade" (2014), capítulo 18, p. 972: "44. Criação da audiência de custódia no ordenamento jurídico brasileiro para garantia da apresentação pessoal do preso à autoridade judiciária em até 24 horas após o ato da prisão em flagrante, em consonância com o artigo 7o da Convenção Americana sobre Direitos Humanos (Pacto de San José de Costa Rica), à qual o Brasil se vinculou em 1992". Disponível eletronicamente em: http://www.cnv.gov.br/images/pdf/relatorio/Capitulo%2018.pdf. Acesso dezembro 2016.

60 Diferentes vídeos disponíveis no *Youtube* revelam opiniões de contrariedade às audiências de custódia: "Audiência de custódia o foco é o bandido", Canal Blitz Digital, disponível em: https://youtu.be/Qd71UkviP00; "Polícia militar fala sobre audiência de custódia", Canal Balanço Notícias, disponível em: https://youtu.be/6GrCDryGY_I; "Policia Militar se vê "ALGEMADA" pelas audiências de custódia", Canal Gazeta de Rondônia, disponível em: https://youtu.be/kP7vP7gVPQA; "A maléfica audiência de custódia", Canal Eduardo Bolsonaro, disponível em: https://youtu.be/8c6qtGsrsgM. Todos os vídeos acessados em dezembro de 2016.

61 "Audiências de Custódia do Conselho Nacional de Justiça — Da política à prática". Disponível em: https://www.conjur.com.br/2015-nov-11/lewandowski-audiencias-custodia-cnj-politica-pratica. Matéria publicada em 11 de novembro de 2015. Acesso em abril de 2018.

Com a expansão nacional das audiências, tanto no Poder Legislativo, no debate formal sobre o projeto de lei, como na arena pública, as possibilidades de aparelhamento das estruturas, o prazo para a apresentação da pessoa presa, a criação de centrais de atendimento psicossociais, o procedimento para apuração de abusos, enfim, todos os tópicos sobre os quais as audiências podem ser debatidas são escolhas políticas que estão discutidas no presente momento. Em São Paulo, o Provimento do Tribunal de Justiça aprovado não deixou possibilidades de negociação, porém alguns elementos de efetivação das audiências continuam gerando controvérsias. Para seguir o enfoque deste trabalho quanto ao tema da violência e dos mecanismos de *silenciamento*, acredito que seja importante ressaltar alguns pontos de debate.

A presença de policiais militares na sala de audiência de custódia é considerada, pelas organizações da sociedade civil que fizeram e fazem o acompanhamento, um grande entrave às denúncias de potenciais abusos sofridos no momento da prisão em flagrante. Apesar de serem policiais militares diferentes daqueles que "estão na rua", por vezes o incômodo com a presença de um policial na sala era explícito por aqueles que estavam sendo questionados quanto à ocorrência da violência: lançavam olhares desconfiados para os defensores, giravam a cabeça para conferir se o policial militar estaria em pé no fundo da sala, calavam-se e até se arrependiam do que haviam dito e pediam para retirar a queixa.

Esse desconforto era sentido também no momento da entrevista "reservada" com a defesa, que na verdade ocorria nos corredores do lado de fora das salas de audiência[62]. Os policiais militares ficavam parados ao lado do defensor e escutavam claramente o que era conversado entre eles. Quando perguntei aos defensores o que sentiam disso, disseram que muitas vezes os custodiados diziam que tinham sido agredidos, mas que não se sentiam confortáveis para falarem disso em audiência, sabiam que sofreriam represálias da polícia e temiam, principalmente, por suas famílias. A maioria dos defensores me disse que

---

62 O plano de construção da nova estrutura incluiu a construção de um parlatório para o encontro privado com a defesa, que de fato foi montado com uma sala dividida por um vidro, que separa a defesa do custodiado, mas que permite a conversa sem a presença de policiais. Em 2017, quando visitei pessoalmente a nova estrutura das audiências de custódia, o novo coordenador me informou que o parlatório não é utilizado e que as conversas seguem ocorrendo no corredor ao lado de fora das salas. O motivo para a inutilização da estrutura é que ir até lá ocasionaria uma perda de tempo e o atraso das audiências.

respeitava a decisão da própria pessoa e não mencionavam a agressão para o juiz nesses casos.

A justificativa para a presença do policial durante a conversa com o advogado e também dentro da sala de audiência era a mesma: uma "questão de segurança". Segundo o juiz corregedor e o funcionário coordenador das audiências, não é possível saber "quem são as pessoas" que estão sendo apresentadas em audiências, o que significa que potencialmente poderia haver tentativas de resgate, conflitos e até violências inesperadas contra agentes do Estado. Foi também com base no argumento da "falta de segurança do fórum" que passaram a justificar o uso de algemas, apesar de existir uma Súmula do STF[63] que proíba o uso de algemas em casos similares[64].

Outro grande ponto de debate que se insere na discussão desta dissertação de mestrado é a questão da gravação dos CDs das audiências de custódia. Esses CDs são gravados pelos escreventes que permanecem dentro da sala. O grande debate acerca desses CDs é a função que eles exercem na instrução do processo que poderá ser originado depois das audiências, quando e se o Ministério Público oferecer uma denúncia. De acordo com alguns promotores com quem conversei no campo e também de acordo com alguns juristas[65], essa gravação poderia

---

[63] A Súmula 11 do Supremo Tribunal Federal dispõe que: "Só é lícito o uso de algemas em caso de resistência e de fundado receio de fuga ou de perigo à integridade física própria ou alheia, por parte do preso ou de terceiros, justificada a excepcionalidade por escrito, sob pena de responsabilidade disciplinar civil e penal do agente ou da autoridade e de nulidade da prisão ou do ato processual a que se refere, sem prejuízo da responsabilidade civil do Estado". Depois de um questionamento formal feito pela Defensoria Pública quanto ao uso de algemas nas audiências de custódia, todos os juízes passaram a justificar em suas decisões que a utilização das algemas se dava em caráter excepcional, dada a falta de segurança adequada no fórum.

[64] No relatório mais recente do CNJ sobre as audiências de custódia, verifica-se que esse panorama de presença de policiais na sala e uso de algemas não é exclusividade de São Paulo: "Estavam algemas durante as Audiências de Custódia 81% das pessoas, contrariando o inciso II do artigo 8o da Resolução n. 213/2015. Constatou-se que, mesmo em casos em que os presos não aparentavam periculosidade, tampouco risco de fuga (dada a quantidade de policiais na sala), as algemas foram mantidas. Também chamou a atenção a presença de policiais (civis ou militares) dentro das salas de audiência. Em 86,2% dos casos foi observada a presença desses agentes", p. 18.

[65] "Audiências de custódia deveriam admitir atividade probatória". Disponível em: https://www.conjur.com.br/2016-ago-16/audiencia-custodia-deveria-admitir-atividade-probatoria. Acesso em abril de 2018.

eventualmente ser usada ao longo da produção de provas no processo, para "aproveitar" uma eventual confissão por parte do custodiado, ou o esclarecimento de fatos que ocorreram momentos antes, o que auxiliaria na resolução do caso.

Do lado contrário, defensores e advogados defendem que a audiência de custódia não pode ter como objetivo a produção de provas, porque seus objetivos estão restritos à apuração da legalidade da prisão em flagrante e não da investigação dos fatos. Permitir que as audiências sejam usadas como provas incentivaria a transformação desse mecanismo em algo parecido ao que acontece nos Estados Unidos, com o *plea bargain*, em que o Ministério Público já oferece acordos e negocia com a defesa antes mesmo do início do processo em si. Segundo esses atores de defesa, a gravação do CD deve apenas instruir o procedimento de apuração de abusos policiais, desvinculando-se, portanto, da matéria do suposto crime cometido pela pessoa presa em flagrante.

Assim, quanto à presença de policiais militares na conversa reservada e na sala de audiência, bem como a utilização da gravação do vídeo das audiências como produção de prova autoincriminadora, há aqui um esforço de, através da descrição etnográfica de cinco casos concretos, demonstrar como essas disputas teóricas operam na prática. Há, a meu ver, uma distância entre o que se espera da realização dessas audiências, nos mais diversos discursos de diferentes atores sociais, e aquilo que elas de fato podem alcançar na experiência concreta do encontro pessoal entre a pessoa presa em flagrante, um juiz, um promotor, um defensor, um escrevente, um policial e uma pesquisadora.

CAPÍTULO II
O CAMPO JURÍDICO-ANTROPOLÓGICO

Neste capítulo, discuto a minha presença como pesquisadora no campo das audiências de custódia: minha trajetória como advogada; a pesquisa do IDDD anterior ao ingresso no mestrado em Antropologia Social; os desafios envolvidos no acompanhamento das audiências; a pluralidade do campo (por isso utilizo o tempo "campos") e de que forma realizei diálogos entre Antropologia e Direito.

1. A "PASSAGEM" DA SOCIEDADE CIVIL PARA A ACADEMIA

Como diria Clifford Geertz, em seu livro *Obras e vidas: o antropólogo como autor* (2005), a pesquisa antropológica nunca se encerra. Há sempre a possibilidade de se construir novas reflexões e novas questões a partir do material etnográfico. Esse material, ao contrário de "dado", é construído: é o antropólogo que o cria e lhe dá significado. Além disso, segundo o autor, a etnografia, que tradicionalmente levou à percepção de que o antropólogo "esteve lá" e por isso tem legitimidade para relatar o que percebeu, hoje em dia deve ser vista mais como uma "arte comparada", por deter a capacidade de explicar o mundo a partir da perspectiva do Outro (2005, p. 192).

O que enfrento na pesquisa ora apresentada é que o material sobre o qual me debruço foi coletado em uma época anterior ao meu estudo na área de Antropologia Social. Como pesquisadora de uma instituição da sociedade civil, não há dúvida de que minhas referências e meus objetivos ao colher os dados eram diferentes do que aqueles que possuo hoje, depois de frequentar por dois anos o currículo obrigatório do Departamento de Pós-Graduação de Antropologia Social na Universidade de São Paulo. No entanto, não acredito que produzi o que se chama de "etnografia acidental", como definido pelas autoras Carolina Dalla Chiesa e Letícia Dias Fantinel (2014), no sentido de haver feito uma etnografia irresponsável com o método[66].

Mesmo antes de ter contato com as disciplinas, minha trajetória como pesquisadora da sociedade civil me levou a ter contato com metodologias de pesquisa no campo do Direito, muito influenciada pelas professoras Maíra Machado e Marta Machado, durante a minha graduação na Faculdade de Direito da Fundação Getúlio Vargas de São Paulo. O campo, portanto, não partiu de um vazio conceitual, mas da ideia de que a produção de dados sobre um instituto jurídico recém-criado deveria ser construída aos poucos, afinal não sabíamos o que iríamos encontrar. O trabalho em equipe, com pessoas de dentro e fora do IDDD, foi crucial para, aos poucos, dar luz ao que parecia totalmente obscuro.

O caminho traçado até esta dissertação certamente pode ser descrito como pleno de idas e vindas. As aberturas para outras áreas depois de cursar sete disciplinas no departamento, além das sempre presentes discussões no Nadir (Núcleo de Antropologia do Direito, coordenado pela Profa. Dra. Ana Lúcia Pastore Schritzmeyer), me fizeram entender a imensidão de temas que podem ser abordados a partir do material que tenho em mãos. O meu *campo* das audiências de custódia é complexo o suficiente para suscitar questões de várias ordens: Antropologia do Direito, da Moral, da Violência. A minha escolha, portanto, foi de abrir um diálogo entre as disciplinas, sem me limitar a apenas uma delas, porque a interdisciplinaridade é o grande mérito de uma Antropologia que sempre busca ir além (Sarti, 2011).

Considero também que parto de uma abordagem antropológica que utiliza tanto o "ir e vir hermenêutico" proposto por Geertz (2006) quanto aquela que Guita Debert denomina de "indignação", quando defende uma Antropologia do Direito que se preocupa em alertar para as práticas abusivas de um sistema que se diz imparcial (Debert,

---

66 As autoras definem como "etnografia acidental" uma etnografia que vem por uma percepção após a realização do campo. As autoras consideram que tal justificativa é irresponsável diante de anos em que o método foi desenvolvido ao longo da Antropologia e atentam para o cuidado com os aprendizados dos autores que escrevem sobre metodologia na Antropologia.

2004)[67]. As duas formas de perceber a disciplina são compatíveis na medida em que Geertz considera o Direito como algo construído mediante as práticas, enquanto a autora brasileira vê essas práticas que constroem o Direito como reflexos de processos maiores de dominação e exclusão. Por considerar que ambas as perspectivas se complementam, proponho um olhar crítico em relação às audiências de custódia que possa relevar as contradições da criação de um instituto jurídico que se insere nas mesmas práticas do "velho sistema", ao mesmo tempo que não podemos dispensar sua potencialidade transformadora diante de faltas de alternativas para lidar com o encarceramento em massa.

A minha pesquisa etnográfica pode, então, ser descrita através da percepção *do(s) campo(s) das audiências de custódia*, das reflexões obtidas durante as pesquisas bibliográficas e, por fim, do recorte que apresento nesta dissertação de mestrado.

2. O(S) *CAMPO(S)* DAS AUDIÊNCIAS DE CUSTÓDIA:

Ao ser contratada pelo IDDD, eu passei a acompanhar diariamente a realização das audiências no Fórum Criminal da Barra Funda, na capital paulista. Sou advogada de formação, mas, por ter trabalhado com pesquisas empíricas em outros ambientes da área criminal, o IDDD me convidou para participar do projeto como pesquisadora. De fevereiro a dezembro, eu assisti a 692 pessoas serem levadas a audiências de custódia, registrando informações sobre a dinâmica das audiências e também sobre os casos acompanhados. Como o IDDD não é um instituto de pesquisa, mas sim de *advocacy*[68], muito da metodologia foi

---

67 "Como antropólogos, conhecemos muito bem a força das construções sociais, mas não se pode dizer que todas elas são equivalentes. Sabemos que a "base da cultura é a representação" e se tudo é representação isso não quer dizer que todas as representações se equivalem. Geertz obviamente não diz isso, não propõe essa equivalência. Mas falta no seu texto indignação, sentimento esse que me parece central para explicar o crescente interesse entre nós, por questões relacionadas com a Antropologia do Direito" (Debert, 2004, p. 478).

68 *Advocacy* é o nome que se dá para o trabalho de comunicação entre organizações do terceiro setor com instâncias de poder, como o Poder Legislativo ou o Poder Executivo. Conhecido como "lobby do bem", fazer *advocacy* significa também ocupar espaços de negociações em tomadas de decisão que antes a sociedade civil não participava.

desenhada a partir da observação inicial, sempre sendo repensada e alterada conforme necessidade.

A equipe do projeto do IDDD era composta por uma coordenadora de projetos e uma subcoordenadora de projetos, que permaneciam no escritório do instituto no centro de São Paulo, e eu, que fui contratada como consultora de pesquisa e que permanecia em campo, acompanhando pessoalmente as audiências de custódia. Durante o primeiro mês de acompanhamento (de final de fevereiro até final de março de 2015), meu objetivo era entender como funcionava a logística montada para receber os presos e como eram os encaminhamentos dados em audiência, distribuídas em 6 salas diferentes em uma estrutura montada provisoriamente no fórum.

Esse mapeamento inicial foi o meu primeiro caderno de campo e me ajudou a montar o formulário que passei a utilizar a partir de abril. Comecei a perceber os fluxos e a anotar aquilo que se repetia, a entender o que poderia ser considerado "normal" e o que era "excepcional". Com os dados colhidos em fevereiro, março e abril, foi possível passar a aplicar um formulário a partir de maio, com informações das próprias audiências e dos processos correspondentes a elas. Eu permanecia de segunda a sexta-feira, das 14h até a hora da última audiência, acompanhando audiências em duas salas por dia.

Nesse primeiro momento, foi importante conhecer os operadores que trabalhavam ali e me ambientar com a dinâmica criada pelo Tribunal de Justiça. Nos meses subsequentes, outros pesquisadores foram chegando a campo e minha presença passou a ser a mais "reconhecida", por ter sido a primeira a chegar. Assim que alguém novo aparecia, o coordenador da parte operacional, contratado de uma empresa privada que prestava serviços ao Tribunal, me apresentava e pedia para eu explicar o que acontecia ali.

Como a implementação foi instaurada aos poucos, o número de audiências que eu deveria assistir aumentou, conforme mais presos passavam a ser recebidos para as audiências, já que o IDDD pretendia coletar informações de pelo menos 10% de todas as audiências realizadas no mês[69]. Passei a notar que assistir a muitas audiências por dia,

---

[69] O projeto foi instaurado aos poucos, de acordo com o cronograma interno do próprio Tribunal de Justiça. São Paulo possui 8 seccionais de polícia e foi escolhida uma ordem para o recebimento dos presos, sendo duas seccionais a cada mês. De fevereiro a julho, as audiências saltaram de uma média de 12 para 80 audiências por dia. O cronograma interno pode ser visualizado em: https://www.dje.tjsp.jus.

como 14 ou 15, diminuía sensivelmente a qualidade dos dados que eu conseguia coletar, já que deveria trocar de salas de audiência rapidamente. Como até julho (5 meses de coleta de dados) toda a metodologia tinha sido montada apenas com nossas impressões do campo, o IDDD decidiu contratar professores especialistas em metodologia de pesquisa empírica do Direito para comentar e possivelmente reformular o trabalho.

Ao consultarmos a professora Maíra Machado (Fundação Getúlio Vargas) e o professor Álvaro Pires (*Ottawa University* – Canadá), eles nos recomendaram que eu passasse um dia inteiro com um único juiz, observando inclusive se havia uma mudança de postura dos profissionais ao longo do dia, como por exemplo decisões diferentes para casos semelhantes tomadas de manhã, depois do almoço e no final de um dia inteiro de trabalho. Assim, o meu número de audiências a serem assistidas diminuiu, mas eu deveria permanecer um dia inteiro em uma única sala, o que ocorreu de agosto até dezembro de 2015.

Cada sala teve, em média, 12 audiências por dia, já que às segundas e terças-feiras eram cerca de 40 audiências para todos os juízes, às quartas-feiras eram cerca de 60 e às quintas e sextas-feiras chegavam a 90 por dia. Assim, temos os seguintes registros:

Tabela 1: Média de audiências realizadas por dia da semana
e média de audiência por sala de audiência

	2a feira	3a feira	4a feira	5a feira	6a feira	Total
Média de audiências no dia	40	40	60	90	90	320
Média de audiências por sala (6 salas de audiência)	6,6	6,6	10	15	15	53

Os juízes do DIPO são nomeados pelo Tribunal de Justiça, porém, como já mencionado no capítulo I, o critério de alocação não é claro. Entre os meses de fevereiro e dezembro, havia sempre 9 juízes fixos. Porém, com o sistema de substituição, cheguei a acompanhar 16 juízes diferentes. É importante destacar que os dias de audiência eram divididos entre "dias dos homens" e "dias das mulheres", o que significa que de segundas, quartas e sextas-feiras eram apenas os juízes homens que realizavam audiências e de terças e quintas-feiras eram as mulhe-

---

br/cdje/consultaSimples.do?cdVolume=10&nuDiario=2104&cdCaderno=10&nu-Seqpagina=5. Acesso em abril de 2018.

res[70]. Na semana seguinte, os dias eram invertidos, para que ninguém ficasse sobrecarregado. O controle de frequência e de permanência dos juízes em audiências era controlado por todos – comentários sobre os rendimentos dos juízes eram constantes nas falas entre eles e entre os demais funcionários.

Quanto aos promotores, no começo das audiências havia apenas dois promotores designados pelo Ministério Público, que iam se revezando nas salas. Com o aumento no número de presos atendidos, o Ministério Público destinava promotores fixos para cada sala de audiência, porém os promotores não são vinculados ao DIPO. Eles são afastados de suas funções principais para permanecerem em audiência de custódia, até serem realocados para outra função. A pontualidade dos promotores era sempre ressaltada por eles mesmos e pelos outros funcionários.

Já a Defensoria Pública, com menos defensores disponíveis, fez várias tentativas para atender ao número de audiências: além dos quatro defensores fixos do DIPO, eles passaram a deslocar dois defensores extras para as audiências, em um rodízio que durava duas semanas. A falta de pontualidade e a confusão no momento de trocas de defensores, já que muitos defensores alocados não eram da área criminal e não sabiam como atuar nos primeiros dias em que estavam no DIPO, também era ressaltado pelos funcionários.

Os advogados particulares, que representaram 10% das audiências acompanhadas durante a pesquisa[71], eram bem variados. Eles permaneciam nos bancos em frente às audiências esperando que fossem chamados, já que não há uma pauta fixa de audiência, como há nas Varas Criminais. Era comum que houvesse conflito entre o coordenador das audiências e os advogados, porque alguns chegavam a ficar cinco horas esperando para fazer a audiência de seus clientes, que não durava dez minutos. A justificativa do coordenador era a de que a Polícia Civil levava os presos de forma aleatória e não era possível estabelecer uma ordem de audiências.

No final da coleta dos dados, em dezembro, a pedido do IDDD, entrevistei três juízes, dois defensores públicos e dois promotores cujos trabalhos eu acompanhei durante minha estadia em campo. A decisão

---

70 No caso de Luana, que apresento no item 4 do capítulo III desta dissertação, falarei mais sobre essa distinção de dias por gêneros dos juízes.

71 Relatório do IDDD citado na nota de rodapé número 12, p. 12.

de entrevistá-los não foi pacífica dentro do IDDD, já que tínhamos um prazo apertado para a publicação e não saberíamos se valeria a pena fazer perguntas sobre aquilo que já tinha sido observado. Discutimos com os professores mencionados sobre o quanto as entrevistas dão voz às pessoas e permitem ouvir como eles mesmos veem o trabalho que desempenham, para além daquilo que eu pude observar como pesquisadora. Essas entrevistas não são usadas nesta dissertação de mestrado como material de pesquisa, embora a realização delas faça parte da minha observação etnográfica.

É importante ressaltar que a relevância do papel dos juízes nesta pesquisa não se dá por acaso, pois o juiz é quem preside a audiência. Ele é quem decide a ordem das perguntas e como ela será conduzida. A atitude dos juízes é que dita de que forma a audiência será realizada, formando um verdadeiro *perfil*, que em pouco tempo fica sendo conhecido por todos. Quanto à verificação de violência, é obrigação do juiz realizar algumas perguntas e seguir o protocolo publicado pelo CNJ[72]. O campo revelou que são os juízes as figuras principais a serem estudadas, porém os outros operadores contribuem de forma essencial para o comportamento desses juízes, por isso também são essenciais para a compreensão das audiências.

A análise dos dados e das entrevistas ocorreu entre dezembro e abril e o relatório do IDDD foi publicado dia 31 de maio de 2016, em cerimônia que contou com a presença do Presidente do Supremo Tribunal Federal, Ministro Ricardo Lewandowski[73]. A experiência em campo e as provocações daquilo que fui observando me motivaram a apresentar um projeto de mestrado em Antropologia Social, agora com outros objetivos, não vinculada a uma instituição e podendo dar outro recorte ao material coletado. O IDDD me concedeu autorização formal para usar os dados para fins acadêmicos pessoais (ANEXO I).

---

72 Protocolo II da Resolução n. 213/2015 do CNJ, disponível em: http://www.tjsp. jus.br/Download/CanaisComunicacao/PlantaoJudiciario/Resolucao-CNJ-0213-2015. pdf. Acesso em abril de 2018.

73 Notícia sobre o evento de lançamento e acesso ao relatório final. Disponível em: http://www.iddd.org.br/index.php/2016/05/31/monitoramento-das-audiencias-de-custodia-em-sao-paulo/. Acesso em abril de 2018.

3. CONSTRUINDO PONTES ENTRE O DIREITO E A ANTROPOLOGIA, NA PRÁTICA

Depois de ingressar no Programa de Pós-Graduação de Antropologia Social, comecei a cursar disciplinas que me fizeram refletir sobre o trabalho que eu já havia realizado e aquele que eu ainda pretendia realizar. Ao final, eu tinha como material disponível os meus formulários preenchidos, as minhas anotações livres no campo e cerca de duzentos vídeos de audiências gravadas. Se a minha coleta de dados já havia ocorrido, como seria meu trabalho a partir de agora? Poderia eu, inclusive, chamar meu trabalho anterior de "etnográfico"?

George Marcus diz que um dos efeitos da "virada metodológica" que ocorreu na Antropologia foi o de passar a investigar como a prática dos nossos métodos define aquilo que é o fazer antropológico (Marcus, 2009, p. 5). Segundo o autor, os antropólogos devem ser capazes de decidir seus métodos a partir da observação e não antes dela – os métodos tradicionais da disciplina não devem nos engessar a parar de buscar novas formas de descrever e compreender a realidade. O meta-método do qual se refere o autor, portanto, é a busca por uma Antropologia que reflete sobre o campo antes de aplicar técnicas pré-estabelecidas, mas ainda sim necessita conceitos e experimentações (idem, p. 7).

O autor relata que foi com a interdisciplinaridade da Antropologia com outras disciplinas que atraiu muitos estudantes nos Estados Unidos a repensarem os métodos tradicionais, que já não funcionavam tão bem para seus diversos campos de estudo (idem, p. 9). Seria em seus primeiros trabalhos de campo que o antropólogo em formação descobre os limites das regras e "negocia" novas formas de escrita, porque esses "rascunhos" revelam essa vontade de perseguir algo que vai para além dos métodos já treinados e bem estabelecidos, embora muitas vezes ainda acabem reproduzindo esses modelos por uma questão de segurança acadêmica (idem, ibidem).

A Antropologia do Direito, no Brasil, desenvolveu-se principalmente a partir da década de 90, com autores impulsionados pelos trabalhos de Clifford Geertz, no plano internacional, e Kant de Lima, professor da Universidade Federal Fluminense, nos estudos brasileiros (Mello et al, 2013, p. 15). O uso da etnografia como método de pesquisa no Direito é também muito inicial, principalmente porque há uma dificuldade de acesso aos espaços de fóruns e audiências, por uma resistência dos profissionais e pela falta de transparência nos processos decisórios do Poder Judiciário[74]. No Brasil, a pesquisa antropológica no Direito é um desafio, porque revê a construção de uma categoria de um Outro distante do Nós que os antropólogos e cientistas sociais normalmente assumem, para recolocar um questionamento interno sobre aquilo que parece familiar para o próprio pesquisador, sobre a sociedade em que ele mesmo vive (Oliveira, 2014b, p. 13).

Consoante com a tendência citada por George Marcus é o desafio de aplicar métodos tradicionais de pesquisa antropológica para esses campos do Direito. Se os acessos são mais restritos e se os espaços são outros, não é possível transpor absolutamente métodos como os previstos por Malinowski ou Marcel Mauss. Ao mesmo tempo, essa "tradição da Antropologia" tampouco pode ser descartada, pois revela os primeiros passos e os primeiros desafios que a disciplina enfrentou antes de sua consolidação – ainda se fala de um Outro, porque existe uma separação física, estrutural e de linguagem entre os "leigos" e os "juristas".

Segundo Marcus, os novos antropólogos se aproximam da Antropologia através de seus trabalhos com ONGs e organizações ativistas, o que significa que não se pode esperar um domínio dos debates dos antigos métodos, embora eles ainda sejam relevantes (Marcus, 2009, p. 17). Ao me enxergar exatamente nesta situação descrita por Marcus, me vejo no ponto de intersecção de um estudo antropológico que dialogue com o campo jurídico e que também compreenda uma forma de fazer etnografia do sistema justiça que é construído enquanto ocorre, dialogando inclusive com a Sociologia, por uma preocupação em produzir dados. Foi só ao entrar no campo que pude me deparar com questões que o próprio Direito "não resolve", atraindo-me a tentativa de investigar por que e como os processos de rotulação dos seres humanos ocorre.

O olhar que eu pude ter sobre as audiências contemplava as dimensões dos planos da legalidade e da extra legalidade, uma vez que estive presente nos momentos de audiência e de intervalos de audiências, durante dez meses. Pude acompanhar a diferença entre as interações

---

74 No Brasil, a maior parte da literatura antropológica sobre esse tema é dos tribunais do júri. Acredito que muito disso se deve por serem sessões públicas que podem ser assistidas por qualquer pessoa. A professora Mariza Corrêa é uma das primeiras antropólogas a estudar os tribunais do júri no Brasil, com as produções de Morte em Família (1983) e Crimes da Paixão (1981).

formais e informais, e, aos poucos, fui me tornando, inclusive, parte da convivência diária daquelas pessoas. Compreender meu papel no campo, no entanto, é uma tarefa de transposição de funções e olhares, uma vez que iniciei um trabalho como pesquisadora contratada por uma instituição e, agora, pretendo produzir uma reflexão antropológica. O que caracterizaria, portanto, meu campo já realizado como material antropológico?

Acredito que o primeiro passo para minha autocompreensão em campo seja a percepção do lugar que ocupei dentro daquele ambiente. No começo da pesquisa, poucas pessoas falavam comigo e a maioria deles se sentia intimidado com a minha presença – além de serem pessoas que ocupam cargos de poder e por isso não estão acostumados a serem avaliados, eu sou uma pesquisadora muito jovem que, em um ambiente de pessoas mais velhas, causava certo estranhamento. Apesar de também existirem juízas e promotoras, a minha presença como mulher em audiências predominantemente masculinas me causava desconforto, principalmente nos momentos de intervalo em que eles "puxavam conversa" em tons diferentes do que faziam quando o pesquisador era do sexo masculino.

Como advogada, eu era sempre chamada e provocada a atuar nas audiências quando faltavam defensores públicos e eu respondia que meu trabalho ali era de pesquisa e não de advocacia, portanto não poderia exercer outra função que não a de observação. Parece-me claro que essa era uma das formas que demonstravam que eles me reconheceram como sujeito que compartilha do mesmo mundo que eles, o que não acontecia, por exemplo, com alguns colegas pesquisadores sociólogos que apareciam esporadicamente para assistir a algumas audiências. Apesar de me sentir incluída, também me parecia que essa provocação era uma forma de tentar "inverter o jogo" – eles me avaliariam como advogada ao invés de eu avaliá-los em seus trabalhos.

Mesmo com meu esforço para permanecer desapercebida, desde o começo, nas audiências, as salas eram pequenas e minha presença foi, aos poucos, passando de ser estranha para ser naturalizada no ambiente. Eu me vestia formalmente, me posicionava no canto da sala, ao lado do escrevente, e permanecia em silêncio. Mesmo assim, em casos de audiências mais complexas, por vezes minha presença era de novo foco de atenção e os juízes me perguntavam se eu achava que tinham agido corretamente e por quê.

Peter Gow conta sua trajetória e as dificuldades pelas quais passou para conseguir ter um contato mais próximo e sofrer menos desconfianças entre a população Piro (Gow, 2001). Segundo o autor, ele foi mudando o status que tinha entre a população, primeiro sendo percebido como "gringo", depois como "Sacacara", ao se abrir e contar sua própria história foi descrito como "homem que vivia tranquilamente" e quando contou sobre a morte de seu pai se tornou o "homem cansado de viver". Só depois de interações e troca de histórias é que pôde ouvir melhor os mitos e histórias dos Piro.

Em campo, eu diria que passei também por fases: primeiro fui recebida como espiã de uma ONG que apoia os presos, fase em que eu era muito questionada sobre as finalidades da pesquisa. Um promotor inclusive chegou a me dizer que iria "impugnar minha pesquisa", acredito que tentando demonstrar que poderia questionar os dados que eu estava produzindo. Depois passei para advogada recém-formada, quando perguntaram qual era minha profissão, momento em que eu era chamada nas salas para cobrir a defesa dos custodiados na ausência de advogados. Cheguei a ser chamada de tradutora por ter auxiliado na tradução do inglês em algumas audiências com presos estrangeiros (inclusive me ligavam quando eu não estava no fórum para saber se eu poderia ir traduzir algumas audiências) e por último fui compreendida como pesquisadora do Conselho Nacional de Justiça, que focava mais na atuação dos juízes, embora eu nunca tenha estado vinculada a essa instituição.

Percebi com o tempo que, ainda que eu me manifestasse rebatendo as funções que me atribuíam – por exemplo quando percebi que deveria dizer aos funcionários que não me chamassem mais para fazer traduções porque isso atrapalhava a minha função principal, que era de pesquisa – eu não tinha total controle da imagem que aquelas pessoas teriam de mim. O imaginário que eles construíram do meu trabalho ora me ajudava e ora me atrapalhava, mas não havia muito que eu pudesse fazer além de responder às perguntas que me faziam.

Uma das ferramentas que mais me auxiliou nessa transformação de figura estranha para figura aceita foi a alteração que fiz no meu método de escrita do campo. Em agosto eu troquei meus cadernos e folhas de formulário para o *tablet*, que eu carregava comigo todo o tempo. Essa troca não foi somente pela praticidade (já que eu perdia muito tempo digitando as informações escritas à caneta para as tabelas), mas foi também porque eu percebi que assim meus interlocutores se incomodavam menos. Por algum motivo, percebi que minhas anotações escritas pareciam avaliações de condutas, enquanto digitar talvez desse um tom mais "profissional" e menos censurador ao que eu estava observando.

No caso dos meus registros de campo, acredito que é minha missão ser capaz de descrever aquilo que é padrão e aquilo que é excepcional e refletir sobre a diferença entre esses dois momentos. Como a dinâmica das audiências era repetitiva, a maioria dos meus registros são parecidos, porém a própria descrição daquilo que constitui a normalidade e aquilo que constitui situações extraordinárias pode ser relevante. Nos casos em que havia relatos de abusos policiais, por exemplo, há a descrição do que seria um procedimento padrão e a descrição de casos excepcionais, em que a violência física apresentada era tão visível, que aquele padrão de audiência indicava uma incoerência com a situação fática.

Acredito que uma das formas de descrever e refletir seja a transcrição das audiências a partir da composição entre os meus materiais: tenho o formulário preenchido, as minhas anotações do campo e os vídeos das audiências. Esses materiais se compõem como um mosaico, revelando informações de ordens diferentes, porque tinham objetivos diferentes quando foram coletados. Esse "retorno ao material" no momento da escrita da dissertação pôde também revelar informações novas que eu, no momento em que escrevi meu projeto e minha qualificação, não podia antecipar.

Um dos elementos de atenção para meu momento de descrição será a utilização de um "presente etnográfico", descrito por Johannes Fabian no texto O Tempo e o Outro (2013) como o desafio do etnógrafo em não fazer uma cisão entre o seu próprio tempo e o tempo daquele observado, ou melhor, refletir sobre o compartilhamento de um mesmo tempo através da "coetaneidade". O tempo verbal utilizado pelo etnógrafo não pode ser banalizado, pois é também uma escolha narrativa que revela onde o escritor acredita estar posicionado frente àquele que observa. Segundo Fabian, a própria etnografia foi consolidada como sendo uma atividade "observadora e congregadora" que representa relações de poder entre o antropólogo e a sociedade que está no campo (idem, p. 144).

Em relação às audiências de custódia, reflito sobre os tipos de poder que estão presentes: na sociedade na qual estamos inseridos (aqui incluindo tanto eu quanto os meus observados), o status de poder dos operadores do Direito é superior ao de uma pesquisadora, esteja ela vinculada a uma instituição ou não, uma vez que eles participam de uma classe de pessoas publicamente reconhecidas como mais qualificadas para tomar decisões acerca de situações complexas envolvendo as normas postas (Leite, 2014). Porém, no momento de escrita de dados, sou *eu* quem relato, analiso e escolho a forma de descrever a atuação dessas pessoas, o que me dá certo poder em relação a um discurso, mesmo que circunscrito ao meu tema e a um trabalho acadêmico.

Apesar de não estar na situação descrita por Fabian, que relata a construção de um tempo diferente para o observador ocidental em relação a sociedades não ocidentais, o autor também reconhece que toda etnografia é o relato do observador sobre o Outro, então a descrição etnográfica sempre enfrenta o dilema da escolha política das palavras e da construção da narrativa em determinado tempo verbal. Diferentemente de outras ciências, em que os métodos eram construídos de forma racionalista ou empírico-dedutivas, o trabalho de campo sempre envolverá uma relação comunicativa:

> Assim que se percebeu que o trabalho de campo é uma forma de interação comunicativa com um Outro, uma prática que deve ser realizada de modo coevo, com base no Tempo intersubjetivo compartilhado e na contemporaneidade intersocial, uma contradição necessariamente surgiu entre a pesquisa e a escrita, porque a escrita antropológica torna-se impregnada das estratégias e mecanismos de um discurso alocrônico (...) A importância da linguagem era quase sempre concebida *metodologicamente*. Como o método linguístico era predominantemente taxonômico, a "virada da linguagem", na verdade, reforçou as tendências alocrônicas no discurso antropológico. (Fabian, 1983, p. 165).

Essa diferença do Tempo em que ocorre o campo e o trabalho de descrição, muitas vezes concebida como a diferença entre a etnografia e a Antropologia, não pode mais ser vista como apenas um problema metodológico da Antropologia, segundo Fabian. A escrita no presente colocaria os dois momentos juntos, posicionando tanto o escritor quanto o observado no mesmo Tempo de realidade. No caso da minha etnografia em espaços jurídicos, a escrita no presente poderia, inclusive, reforçar que a repetição das audiências é o que revela "um sistema jurídico", dado que uma prática repetitiva pode ser o que caracteriza aquilo que é padronizado e normalizado como sendo a nossa forma de aplicar o Direito.

A minha escolha por deixar os cinco casos narrados nesta dissertação no tempo passado, portanto, não foi por acaso. Minha tentativa de destacar essas audiências de outras, como explicarei melhor no capítulo III, se deu por acreditar que elas marcaram um tempo-espaço muito importante, principalmente na vida dos custodiados, que tiveram suas liberdades definidas naqueles breves minutos. O passado na minha escrita etnográfica não significa, portanto, que eu não tenha dividido uma temporalidade com meus interlocutores, mas sim que essas audiências aconteceram em um momento diferente do momento em que escrevo e que essa distância também deve ser objeto de reflexão, por ter sido uma verdadeira transformação da escrita jurídica, que passou a ser também antropológica.

Segundo James Clifford, em *Sobre a Alegoria Etnográfica*, as mudanças na compreensão da etnografia devem-se a um período de "reavaliação política e epistemológica" dessa autoridade que possui o etnógrafo quando escreve (Clifford, 1998). Não se pode dizer que as alegorias usadas para explicar mitos, por exemplo, representam ou simbolizam aquilo que descrevem, mas se deve reconhecer que toda história carrega uma moral sobre aquilo que relata. Nesse sentido, a minha descrição é também carregada de uma moralidade que eu mesma possuo sobre conceitos como "liberdade", "direito de defesa" e "busca pela verdade". Há um grande esforço de, ao descrever as situações vividas em audiências, não tentar esconder de onde falo e tampouco me colocar parcial a tal ponto que já não tento buscar as justificativas de meus próprios interlocutores para suas ações.

Esse equilíbrio deve ser buscado também para colocar em discussão as minhas próprias transformações sobre aquilo que eu concebia como o Direito antes e depois de observar a práxis. Clifford diz que toda etnografia encena o movimento de "traduzir a experiência e o discurso em escrita" (idem, p. 88). Ainda assim, essa ideia não pode ser tomada como um senso comum inocente, segundo ele, porque torna permanente na escrita aquilo que foi efêmero na vida (as falas e os acontecimentos).

Neste ponto acredito que a discussão sobre o "fazer etnografia" e o "fazer Antropologia" de Tim Ingold levanta as contradições e as dificuldades de se compreender a diferença entre o processo de observação e o de escrita (Ingold, 2008). Segundo o autor, a Antropologia seria a abstração do conhecimento obtido pelo registro do cotidiano, ela é o que dá sentido e reflete sobre aquilo que é relatado no particular (idem, p. 347). Ao mesmo tempo, não acredito que tenha vivenciado o campo sem refletir ou, ao menos, não posso dizer que já não antecipava algumas possíveis reflexões no momento em que estava em campo – tanto é que transformar meu campo em um estudo antropológico foi algo posterior à coleta de dados e não um projeto prévio que pressupunha uma técnica e uma expectativa.

Ao mesmo tempo, é por considerar que o antropólogo não pode voltar para a poltrona diante de uma discussão política (idem, p. 346) que defendo que antropólogos podem ocupar os espaços de crítica normalmente exclusivos aos juristas, principalmente porque essas abstrações e reflexões podem dialogar com a chamada "doutrina jurídica", que possui outros métodos e outros pontos de vista sobre o Direito. É papel da Antropologia refletir e escapar da reprodução de discursos que os operadores do Direito esperam que se tenha quando há a implementação de uma política pública, como é o caso das audiências de custódia (Mello et al, 2013, p. 24).

A meu ver, acredito que preciso defender que minha observação em campo já constituía um trabalho etnográfico, ainda que eu não estivesse inserida em um Programa de Pós-graduação em Antropologia Social. Segundo Mariza Peirano, o trabalho etnográfico deve ser visto não só como fonte de reflexões do próprio etnógrafo, mas também como fonte de informações de reflexões futuras que outros antropólogos podem vir a fazer daquele material (Peirano, 1995, p. 57).

A autora também diz que o trabalho etnográfico advém de uma certa *sensibilidade* combinada com o *aprendizado* adquirido na formação do pesquisador (idem, p. 43). Quanto ao meu trabalho, acredito que a sensibilidade para a escuta e o exercício constante de tentar entender o Outro foram exatamente o que me fizeram buscar o estudo em Antropologia. Essa sensibilidade, a meu ver, também atua no sentido de se rever dentro do campo, depois de haver lido e aprendido com novas referências bibliográficas.

Por "campos", no plural, portanto, me refiro à variedade de elementos que deverão ser levados em consideração: a presença nas audiências, os materiais colhidos quanto ao debate público sobre as audiências (publicações na mídia, relatórios da sociedade civil), os vídeos que podem ser consultados, a passagem de um trabalho de pesquisa para a construção de uma dissertação de mestrado, dentre outros. Todos esses aspectos fazem parte do conjunto de experiências etnográficas vivenciadas e uma tentativa de promover um diálogo da Antropologia do Direito com "outras Antropologias".

Portanto, este trabalho se enquadra em uma tentativa de trazer para o campo da Antropologia Social as formas de poder internas ao Direito, tanto naquilo que está escrito e codificado, quanto naquilo que existe por trás das decisões dos profissionais ao avaliarem as condutas, as vidas dos indivíduos, e decidirem se podem permanecer em sociedade ou dela serem excluídos. Uma abordagem antropológica deste cenário específico se dará através da análise de discursos ditos, dos não ditos e dos pressupostos que revelam práticas jurídicas e judiciais que vão além de palavras escritas e que nos permitem refletir sobre de que forma os aparelhos e as instituições que operam com o Direito não só refletem, como criam realidades, no sentido descrito por Clifford Geertz em *O Saber Local* (2006).

Partindo da perspectiva contextual, a liberdade que o Estado tem para decidir quem vive e quem morre decorre do seu monopólio da força, uma construção ideológica que vem pelo estabelecimento do Estado moderno. Segundo Sergio Adorno, foi no bojo do que denominou Weber de "desencantamento do mundo", que a modernidade trouxe como uma das formas de se organizar a de concentrar na figura do Estado a responsabilidade por dirimir os conflitos entre os indivíduos, tendo como consequência o surgimento de um Direito positivo que fosse capaz de regular esse uso da força (Adorno, 1994, p. 274). Dos limites impostos pelo Direito positivo é que se puderam separar as formas legítimas (autorizadas pelo Direito) das formas ilegítimas de violência, sendo, assim, o Estado o único detentor do "direito à violência" (idem, p. 275).

Em algumas análises sociológicas mais contemporâneas, há autores que defendem a inaplicabilidade do conceito de "Estado" exatamente pela perda da função de monopólio do uso da violência. Wierkova argumenta que, com o fim da Guerra Fria, novas formas de violências ameaçam o poder do Estado e retiram dele a capacidade de ser o monopólio, como o terrorismo ou a existência de armas químicas e biológicas (2006). Garland é outro autor que também argumenta o surgimento de uma privatização da segurança pela incapacidade do Estado em garantir proteção frente à complexidade de novas formas em que a violência pode ser exercida (2001).

Parto, além da intersecção com o Direito e com a Sociologia da Violência, de uma ideia de que a Antropologia pode ter como objeto específico o estudo da moral dentro do Direito, ou seja, ela pode voltar-se também para a reflexão daquilo que é considerado bom/ruim ou certo/errado, não só de maneira "onipresente" dentro dos estudos sobre as culturas, mas também como ponto a ser abordado nos registros etnográficos (Schuch, 2014, p. 96). Segundo Roberto Cardoso de Oliveira, apesar de a moralidade ter sido central para a fundação da Antropologia como disciplina, os antropólogos têm-se afastado da questão da moralidade, por um certo receio do etnocentrismo – uma confusão entre estudar a moral e ser moralista (Oliveira, 1994).

Acreditando na perspectiva apresentada por Fassin, de que o relato etnográfico é poderoso porque revela essas transposições dos discursos para o dia-a-dia, o cotidiano, se fazendo e se transformando na vida das pessoas, os relatos das audiências são reveladores da materialização das polarizações sobre Segurança Pública, que transpassam as instituições, o Estado e políticas públicas e se fazem presentes nas reações, nas palavras e nas atitudes dos operadores do Direito que trabalham nas audiências. É nesse sentido que a Antropologia teria uma certa responsabilidade em "levar seus interlocutores a sério", não só como informantes do contexto que pretendem estudar, mas como sujeitos que vivem suas próprias vidas sendo observados por uma antropóloga que necessariamente sempre faz um trabalho moral (Fassin, 2008).

É por essa perspectiva, que integra diversas percepções dos sujeitos denominados "operadores do Direito", muito influenciada pelos escritos de Mariza Corrêa (2006), que acredito que as compreensões morais verbalizadas em audiência iluminam diversas questões sobre nosso sistema criminal. Nas palavras de Ana Lucia Pastore Schritzmeyer,

> "é exatamente nessa composição de ´retratos morais´ das vítimas e de criminosos que nos centramos, retomando, a partir dos discursos registrados nos autos, a posição dos narradores e a forma como conduzem seus interesses através de construções textuais" (Schritzmeyer, 2008).

Proponho, portanto, um encontro desafiador entre a Antropologia do Direito, a Sociologia da Violência e a Antropologia da Moral para o estudo das audiências de custódia.

4. MATERIAIS DISPONÍVEIS E RECORTE ETNOGRÁFICO

O meu acompanhamento das audiências foi composto de vários registros. Os cadernos de campo "livres" começaram no primeiro dia e se encerraram no último, mas os formulários foram criados e revistos pela equipe de pesquisa do IDDD e as cópias dos vídeos só puderam ser feitas de setembro a dezembro, conforme tabela explicativa abaixo:

Tabela 2: Materiais disponíveis e período de coleta de dados

	Fevereiro a abril	Maio a agosto	Setembro a dezembro	Total
Caderno de campo	104	274	314	692 pessoas acompanhadas em audiência
Formulários do IDDD preenchidos	Em elaboração	274	314	588 casos tabulados na base de dados
Cópia dos vídeos das audiências	Sem cópia	Sem cópia	223	223 audiências registradas em vídeos

(i) MEUS CADERNOS DE CAMPO "LIVRES"

Por "livres" quero me referir às anotações que fazia sem me atrelar ao que era exigido como fonte de pesquisa para o IDDD. As informações dos meus cadernos de campo – que no começo eram de fato cadernos, mas depois se transformaram em anotações digitais no *tablet,* onde eu preenchia os formulários – eram minhas impressões e sensações sobre o que acontecia dentro e fora das salas das audiências.

Sobre as audiências de violência policial, esse é o tipo de registro com informações mais sensíveis, no sentido de que não havia um campo no formulário em que eu pudesse descrever exatamente o que havia sido a audiência de uma pessoa que relatava um episódio de abuso. Só a minha escrita livre permitia que eu expressasse as sensações levantadas por relatos detalhados de agressões físicas e emocionais. Pelo tempo rápido de cada audiência, nem sempre eu conseguia escrever de forma detalhada o que eu havia presenciado, porém algumas audiências "renderam" páginas e páginas de escrita livre.

(ii) OS FORMULÁRIOS PARA A COLETA DE DADOS

O formulário que eu utilizei para a pesquisa do IDDD foi resultado de intensos debates entre a equipe de pesquisa. A partir das ideias dos meus primeiros meses de observação, decidimos separar o formulário em duas partes: a primeira, "Informações obtidas nas audiências" (ANEXO II); a segunda, "Informações obtidas nos autos dos processos" (ANEXO III), exatamente nessa ordem, porque primeiro eu assistia as audiências e depois consultava os processos escritos.

Esse formulário, preenchido à mão até o mês de julho, em agosto se transformou em uma versão digital que eu usava em um *tablet* para já transformar os dados automaticamente em tabelas. Passei a usar uma ferramenta do Google que facilitava a transcrição das informações. As perguntas tinham opções fechadas de respostas, mas ao final do formulário também havia um campo escrito "comentários", em que eu podia descrever aquelas observações que achava que poderiam ser úteis para as análises após a coleta. Assim, era possível obter tanto informações quantitativas (as perguntas com respostas padronizadas), quanto qualitativas (minhas anotações livres e os comentários do formulário).

Ao final, foram preenchidos 588 formulários, que resultaram em uma grande tabela com os dados recolhidos. Esses dados foram os que embasaram a construção do relatório do IDDD.

(iii) OS VÍDEOS DAS AUDIÊNCIAS

O terceiro tipo de material do campo são as cópias dos vídeos das audiências. Em agosto de 2015, o juiz corregedor responsável pelo DIPO autorizou que fossem retiradas cópias dos vídeos das audiências. Esses vídeos eram gravados por uma câmera que ficava posicionada em frente à pessoa custodiada, mas não participam da imagem do vídeo nem o promotor e nem o defensor público sentados à mesa, apenas as vozes deles, conforme desenho no item 2 do capítulo I. A gravação contém o seguinte conteúdo: as perguntas do juiz, a resposta da pessoa presa; as perguntas do promotor (quando há) e as respostas da pessoa presa; as perguntas do defensor público (quando há) e as respostas da pessoa presa; o pedido do promotor em relação ao flagrante; a manifestação da defesa em relação ao flagrante. A câmera era então desligada e a decisão do juiz não era gravada.

Há um CD gravado para cada dia de audiência assistida com um dos nove juízes do DIPO, que permaneceram fixos durante o período em que era autorizada a gravação. Cada um dos CDs tem números de audiências variáveis a depender do dia da semana que foi acompanhado. Abaixo exponho o quadro de audiências assistidas por juízes que passaram pelo DIPO durante os meses de maio a dezembro e, na terceira coluna da tabela, quantas audiências foi possível extrair cópia de cada um dos nove juízes fixos durante os meses de setembro a dezembro de 2015. Utilizei numerais para distinguir os juízes e preservar os nomes deles.

Tabela 3: Divisão de juízes do DIPO acompanhados e quantidade de vídeos copiados por sala de audiência

Juiz do DIPO	Dias de audiência acompanhados durante a pesquisa (maio a dezembro)	Vídeos de audiências (gravados entre setembro e dezembro de 2015)
Juiz 1	52	20
Juiz 2	44	26
Juiz 3	34	18
Juiz 4	59	22
Juiz 5	64	42
Juiz 6	25	24
Juiz 7	70	12
Juiz 8	49	20
Juiz 9	60	15
Juiz 10	32	14
Juiz 11	23	10
Juiz 12	36	-
Juiz 13	4	-
Juiz 14	28	-
Juiz 15	8	-
Total	588	223

- Um dos CDs do Juiz 7 mostrou erro e por isso não foi possível ter acesso aos vídeos gravados nele, restando disponíveis apenas os vídeos de um CD gravado.

- Os juízes 10 e 11 saíram do DIPO em outubro e por isso não foi possível extrair cópias do segundo dia de audiência, apenas um dia de audiências foi coletado em forma de vídeo.

- Os juízes 12, 13 e 14 saíram do DIPO antes de setembro e por isso não foi possível extrair cópia de nenhuma audiência deles.

- O juiz 15 apenas realizava audiências na ausência dos outros, por isso o número de audiências acompanhadas é menor. Não houve cópia de audiências deste juiz.

(iv) RECORTE ETNOGRÁFICO

Para a composição da minha dissertação de mestrado, proponho um recorte etnográfico que contemple uma representatividade do universo de audiências que assisti durante a pesquisa de campo e que espelhem também as possíveis respostas do Estado para a violência policial: o silêncio, as perguntas sobre a pessoa e os procedimentos criados para a apuração de violência policial. Parecem essenciais as seguintes considerações:

I. Nem todas as audiências em que ninguém perguntou sobre a possível ocorrência de violência policial podem ser consideradas como audiências em que esse aspecto não esteve presente.

II. Os recortes etnográficos serão essencialmente qualitativos e não têm a pretensão de esgotar todas as possibilidades do tema sobre as audiências de custódia. A intenção é que os casos etnográficos possam auxiliar a reflexão sobre os elementos morais que os operadores das audiências suscitaram durante o campo.

III. Na maioria das audiências de custódia, especificamente em 459 audiências, a questão da violência ou não foi abordada (ninguém perguntou e não houve nenhuma manifestação sobre violência) ou a pessoa negou ter sido agredida após a pergunta de algum operador do Direito. Essas audiências compõem a chamada "cifra negra" de violência: a pessoa, mesmo que agredida, não menciona nada ou é aconselhada pelo seu representante de defesa a não mencionar.

Dentro do universo de 692 pessoas acompanhadas em audiências de custódia, escolhi alguns critérios para fazer uma descrição etnográfica mais detalhada. No próximo capítulo eu apresento quais foram os critérios e os cinco casos escolhidos.

CAPÍTULO III
OS CASOS ETNOGRÁFICOS

1. CINCO AUDIÊNCIAS DE CUSTÓDIA: POR QUE ESSAS?

Apresento, a seguir, uma descrição etnográfica, no sentido debatido no capítulo II, de cinco audiências de custódia, que ocorreram entre os meses de fevereiro e dezembro de 2015 no Fórum da Barra Funda, em São Paulo. Importante ressaltar que as cinco audiências fazem parte do banco de dados criados para a pesquisa do IDDD, da qual participei como pesquisadora. Os autos de prisão em flagrante, que continham todos os documentos escritos, eram consultados fisicamente no dia seguinte à audiência. Todo o trabalho de coleta de dados e a metodologia da pesquisa estão explicados no capítulo II.

O que pretendo ser capaz de narrar são relatos que contenham elementos presentes em várias outras audiências acompanhadas durante o campo. Não foi possível obter cópia da gravação em vídeo de duas das audiências descritas, casos em que a descrição foi feita com base em anotações do meu caderno de campo e nas minhas memórias. As outras três foram parcialmente transcritas a partir dos vídeos, pois como a gravação contempla apenas uma parte das audiências, as outras partes foram complementadas por minhas anotações. Mais adiante, descreverei o papel que os vídeos tiveram na composição dos relatos.

Quanto às cinco audiências escolhidas, é imperativo começar reconhecendo o recorte. Depois de acompanhar 692 pessoas em audiências, seria impossível escolher algumas delas sem ponderar por que eu não escolhi as outras 687. A meu ver, essas audiências possuem características concentradas de um todo, ou seja, elas são representativas de situações que se repetiam quase que de forma automática e previsível. Mais do que audiências, elas podem ser chamadas de "casos", no sentido de que são capazes de representar traços essenciais que permitem uma análise antropológica do que foi vivido durante dez meses em campo, sem perderem suas individualidades.

Assim, essa representatividade é, ao mesmo tempo, repetitiva e particular. Particular porque esses cinco casos não pretendem generalizar todas as outras situações que presenciei, porque eles têm algo de diferente que os destacam dos demais: são compostos pela disputa entre fala e silêncio, pelo dito e não dito, pelo assumido e presumido, pelo merecimento e pela negação. Ao mesmo tempo, são audiências como outras quaisquer, ou seja, pretendem reforçar a repetição do procedimento, a imposição da burocracia, a criação de uma dinâmica de trabalho intensa.

Não há verdade pura, assim como não há pura ficção. Todos os meus relatos etnográficos são misturas do que eu vivi e do que eu me lembro, de situações que presenciei naqueles dias e de outras que ocorreram em momentos diversos. A memória e o caderno de campo estão intimamente conectados em um processo de descrição das falas, dos movimentos, das posições, da sequência de acontecimentos e de expressão de sentimentos.

Todas as audiências levantam questões quanto a marcadores sociais da diferença, que não podem ser evitadas ou subestimadas. Elementos relacionados à raça, gênero e sexualidade estão em constante interseccionalidade e são percebidos pelos meus interlocutores de formas diferentes, assim como por mim no momento em que descrevo as audiências. Apesar de não ser o ponto central da minha análise, espero que a descrição etnográfica levante questões para outros pesquisadores dedicados a entender essas interseccionalidades de forma mais profunda.

A questão da violência também transpassa as características dos custodiados e se faz presente de formas muito variadas (violência verbal, física, moral, simbólica), correndo o risco de tornar-se um termo vazio, genérico demais. Meu esforço, ao falar de violência, é também um esforço de especificar o que campo revelou e em que medida *conceitos de violência*, no plural, são trazidos pelos meus interlocutores. Não se trata de uma ideia pré-concebida sobre o que é violência, da minha perspectiva de advogada e antropóloga, ou no sentido jurídico-normativo, que estou tomando como referencial, mas os vários sentidos trazidos na prática complexa das audiências, ou seja, nos seus antes, durantes e depois, nas falas e nos silêncios, nas pausas e nas continuidades.

O que conecta essas cinco audiências são as dinâmicas entre silêncio e fala entre os operadores e os custodiados, no tocante à possibilidade de uma violência policial: os operadores do Direito ora relativizam o relato de violência, agindo de forma criativa para classificar uma determinada conduta policial como violenta ou não violenta, ora se calam e acionam procedimentos técnico-jurídicos como resposta ao relato da pessoa custodiada. O silenciamento, que se alterna com diferentes formas de narrativas, constrói uma prática de avaliação que envolve conceitos como "vítimas", "merecimento", "sofrimento" e, principalmente, "violência".

Isso significa que há, de um lado, uma ideia abstrata sobre a utilidade e a eficiência dessas audiências e, de outro, (porém não de um lado necessariamente *oposto*), o que elas de fato podem ser na prática. Não se trata apenas da revelação de uma distância entre o *dever ser* e o *ser*, muito comum nos estudos empíricos em Direito, mas de uma forma criativa de como os operadores, representantes do sistema de justiça criminal que não são capacitados para lidar com relatos de violências, agem diante da possibilidade de uma agressão perpetrada por um membro desse mesmo Sistema que representam.

Dessa forma, as audiências de custódia são pontos analíticos privilegiados dentro desse Sistema, porque elas são a conexão de duas pontas: o flagrante e a decisão sobre a prisão. Apesar de ser apenas provisória, a decisão sobre uma prisão tem um impacto na vida dos custodiados que, inegavelmente, afeta todas as áreas da sua existência. Esse impacto começa com a audiência em si que, gravada e pública, expõe a palavra da polícia e a versão (quando permitida) do custodiado, em um embate que conta com a presença dos três principais atores do Poder Judiciário; o magistrado, o promotor e a defesa. Estão todos ali, a postos, com a justificativa teórica de garantir o devido processo legal e salvaguardar a integridade daquele indivíduo.

Ainda assim, como pretendo discutir através dos casos e no próximo capítulo, as avaliações morais que permeiam uma decisão jurídica sobre a privação da liberdade estão a todo tempo sendo expostos. O meu argumento é o de que a dinâmica entre silêncio e fala, o revelado e o oculto, constroem critérios morais que irão distinguir quem *merece a violência* e quem é *vítima*.

Como descrito por Theophilos Rifiotis, "violência", nos estudos contemporâneos, tende a se tornar um conceito vazio de significado, dada as diferentes formas com que ele é usado para relatar experiências de negatividade, pairando como um "fantasma" nos discursos sobre aumento de criminalidade e de insegurança que pode nos atacar a qualquer momento (2006, p. 5). É nesse sentido que busco perceber *violências*, no plural, conforme são construídas nas falas e nos silêncios dos operadores das audiências, e não da preconcepção de uma violência urbana naturalizada. Ao mesmo tempo, tampouco pode ser um conceito para definir genericamente qualquer debate que ocorre em audiência de custódia.

Há uma necessidade de uma construção etnográfica porque é a disputa por esse conceito que torna os resultados práticos das audiências tão incertos: a violência do custodiado, a violência da polícia, a violência moral dos operadores... O uso intencional (e não acidental) da palavra violência depende de percepções morais e argumentativas que estão em disputa e que não saem definidos quando a audiência se encerra, pois continuarão sendo disputados pelas instituições no decorrer do processo penal, pelas organizações de direitos humanos e pela mídia. Ainda no sentido trazido por Rifiotis (2015), a violência perpassa uma ideia de "julgamento", de avaliação do Outro, muito mais do que um ato, uma conduta ou um comportamento específico.

SOBRE O DEVER DE SIGILO

São raras as gravações de audiências judiciais que ficam disponíveis a pesquisadores. Reconheço, portanto, a sorte de ter tido um material de vídeo, digitalizado, disponível para minha consulta, assim como por ter podido acessar os autos processuais, em papel. Esses materiais continuam, todavia, sob sigilo, nomeado formalmente como "segredo de justiça". Como já dito anteriormente, o IDDD obteve autorização para tirar cópia das gravações de vídeo das audiências durante os meses de agosto, setembro, outubro, novembro e começo de dezembro de 2015. Através de um termo de cessão de dados, o IDDD me autorizou a usar essas gravações e todos os outros dados dos processos que consultei para a elaboração desta dissertação de mestrado, sob algumas condições.

O rosto, o nome e o número dos processos dessas pessoas foram preservados, além de quaisquer informações dadas em audiência que possam identificá-las. Sendo assim, eu usei codinomes não só para os próprios custodiados, como também para todos que eles mencionaram, bem como alterei endereços, nomes de estabelecimentos, lugares e outras referências ditas ou escritas nos processos.

O dever de sigilo também se estende aos operadores do Direito que trabalhavam nas audiências de custódia e que fizeram parte do campo, não só das cinco que serão descritas, mas de quaisquer outras que eu tenha acompanhado. Por operadores do Direito eu identifico: juízes, promotores, defensores públicos, advogados particulares, policiais militares, escreventes e outros funcionários que trabalhavam prestando serviço ao Tribunal de Justiça. Não disponibilizo aqui informações que possam torná-los identificáveis.

VÍDEOS E RECORTES

Quanto aos vídeos, eles tornaram possível a transcrição de falas de quatro das cinco audiências. A gravação, no entanto, não compreende a audiência completa. Ela é, em primeiro lugar, limitada temporalmente: o escrevente responsável pela organização da audiência dá *play* na câmera quando o juiz autoriza. Nesse momento, o custodiado já foi trazido pelo policial militar para a sala, foi posicionado de frente para a câmera e todos os operadores já estão prontos para o início da audiência.

O próprio juiz inicia a audiência fazendo perguntas ao custodiado ou à custodiada. A ordem das manifestações é a seguinte: juiz pergunta, promotor pergunta, defensor pergunta, promotor faz sua manifestação com o pedido do Ministério Público, defensor manifesta o pedido da defesa e o vídeo é encerrado. A partir desse momento, a decisão do juiz e quaisquer outros acontecimentos não são mais gravados.

Em segundo lugar, há o limite espacial da câmera: além de não captar os rostos, gestos e movimentações de nenhum dos operadores, a câmera fica focada única e exclusivamente no rosto do custodiado ou da custodiada. A captação de áudio costuma ser boa e alcançar as falas de todos os integrantes da sala, onde quer que estejam sentados, mas o custodiado é a pessoa que fica mais longe da câmera e, ainda assim, o único cuja imagem é captada.

Essas câmeras são pequenas, de cor preta, e ficam cuidadosamente posicionadas abaixo do computador do juiz, de frente para a pessoa custodiada. Sua posição é meticulosamente calculada e tanto promotores quanto defensores, várias vezes, se esforçavam para evitar que qualquer traço seu fosse captado. Eles cuidavam de seus movimentos bruscos e quando apareciam, por acidente, sempre exclamavam frases como: "Ai, droga, apareci no vídeo!". Aparecer no vídeo parecia algo ruim, que expunha o operador a algo com o qual não queria estar relacionado. À pessoa custodiada, não perguntavam se autorizava ou não a gravação.

Certa vez, um escrevente comentou comigo que aquelas câmeras eram de "última geração". Elas tinham a capacidade de captar sons à longa distância e tinham custado muito caro ao Tribunal de Justiça. Essa compra, provavelmente por licitação, fazia parte do pacote orçamentário que o tribunal gastou para implementar as audiências de custódia. Era importante que a câmera conseguisse registrar o que era dito por todos na sala, mas também pretendia captar o rosto da pessoa custodiada a ponto de reconhecer alguma marca de agressão que ela tivesse sofrido, ou seja, isso valia apenas para marcas no rosto.

Em uma conversa com um juiz, eu lhe perguntei por que as gravações não incluíam a decisão dos juízes, mas somente as perguntas e as manifestações das partes. Ele me respondeu que a decisão judicial ficava obrigatoriamente "reduzida a termo", ou seja, como ela tinha que ser impressa para constar do processo físico, isso tornava a gravação da fala do juiz desnecessária.

Apesar da modernidade da câmera, o procedimento de gravação parecia menos prático: cada audiência era gravada no computador do escrevente, e em um CD, que depois constaria anexado ao processo físico. O custo dos CDs, pensando em quintas e sextas-feiras, que chegavam a ter 180 audiências por dia, provavelmente era alto. Mesmo assim, era importante manter um registro físico das audiências, para que, eventualmente, no procedimento de investigação sobre abusos policiais, aquele vídeo pudesse ser revisitado.

A utilização do vídeo gravado em audiência não foi definida pelo Provimento do Tribunal de Justiça de São Paulo[75]. O que se observou foi que os juízes das varas criminais comuns, até aquele momento, não estavam utilizando os vídeos das audiências na análise dos processos distribuídos. Em realidade, esse ainda segue como um dos grandes

---

75 Provimento número 03 de 2015: "Artigo 6o, parágrafo 4o: A audiência será gravada, em mídia adequada lavrando-se termos ou atas sucintos e que conterá o inteiro teor da decisão proferida pelo juiz, salvo se ele determinar a integral redução por escrito de todos os atos praticados; Parágrafo 5o: A gravação original será depositada na unidade judicial e uma cópia instruirá o auto de prisão em flagrante".

pontos de debate sobre a implementação das audiências em âmbito nacional que atualmente se encontra no Congresso Nacional, através do já referido Projeto de Lei do Senado nº 554/2011.

Há, basicamente, duas posições contrastantes sobre esse ponto: de um lado, há aqueles que defendem que deve-se "aproveitar" a gravação do vídeo para também instruir o processo que correrá na vara criminal, de forma que possíveis confissões da pessoa presa em flagrante possam ser levados à apreciação do juiz, que poderá assistir ao vídeo gravado como *prova* do processo[76]. Durante o campo, eu escutei um promotor defender essa posição por considerar que não existiria melhor prova judicial que aquela produzida na frente de um juiz e que seria um "desperdício" não utilizar esses vídeos para a instrução processual futura.

A outra posição, pelo contrário, defende que, se o Direito brasileiro opera pelo princípio da não obrigatoriedade de produção de provas contra si mesmo, não haveria que se falar em utilizar o vídeo na instrução processual. O juiz da vara deve estar distanciado do momento da prisão em flagrante, para que não tome sua decisão baseada nos elementos levantados em audiências de custódia, mas em uma investigação mais profunda sobre o caso. Esse argumento, apresentado por um advogado do Instituto de Defesa do Direito de Defesa, para o qual eu trabalhava, dizia que as audiências de custódia devem ser principalmente "um mecanismo disponível para a defesa, não como arma de confissão que os promotores querem extrair no momento vulnerável da prisão em flagrante".

ESCOLHAS DO TEXTO ETNOGRÁFICO

O meu acesso aos casos se deu através de diversas fontes e adotei várias formas de registrá-las. Em primeiro lugar, eu assistia, presencialmente, cerca de 12 audiências por dia, através da metodologia que relatei no capítulo I. Em sala de audiências, eu preenchia o formulário online para a pesquisa do IDDD (ANEXO II) e, em paralelo, fazia anotações livres no meu caderno de campo virtual (bloco de notas de um *tablet*).

No dia seguinte, eu ia até a sala do cartório do DIPO e separava os autos de prisão em flagrante das audiências que eu tinha assistido no

---

76 Essa discussão se assemelha à discussão do *plea bargain* das audiências de custódia, explorada no item 4 do capítulo I deste texto.

dia anterior. Com os documentos em mãos, eu preenchia um segundo formulário (ANEXO III), com informações coletadas pela polícia, a decisão do juiz que era "reduzida a termo" e, em alguns casos, o procedimento de encaminhamento do CD ao DIPO 5 para apuração de violência policial, com o resultado do exame do IML.

De agosto a novembro, eu pude retirar cópias dos CDs das audiências que assistia, com a autorização do juiz corregedor do DIPO à equipe do IDDD.

Portanto, essas são as formas de registro que utilizei no meu campo:

- Formulário para acompanhamento de audiência (ANEXO II)
- Anotações livre no caderno de campo digital
- Formulário para análise do auto de prisão em flagrante (ANEXO III)
- Transcrição dos CDs das cinco audiências aqui relatadas

O poder da escrita antropológica está também na forma como o campo é apresentado. Mesmo com as transcrições do que foi gravado, há algo de criativo, que escapa ao poder do vídeo e que vem do poder da memória e da descrição de quem "esteve lá" (Geertz, 2001). No caso do meu exercício do poder de escrita, como discuti no capítulo II, optei por deixar a transcrição literal das falas das audiências em itálico, enquanto as outras falas, retiradas da minha observação e da minha memória, permaneceram com letras regulares. Dessa forma, pretendo deixar claro para o leitor quando são falas transcritas dos interlocutores e quando são outras formas de registros não literais.

É importante tentar reconhecer elementos que extrapolam o que constitui uma "audiência", ou um "caso", mas que, igualmente, fazem parte do contexto em que as audiências de custódia se firmam e se exercem, como as falas dos operadores antes e depois do *play* da câmera. As interações entre os operadores, com ou sem a minha participação direta (no sentido verbal), são parte integrante do relato etnográfico, porque também fazem parte da forma como eles interpretam a violência, a criminalidade, a utilidade e a existência das audiências, bem como o papel deles mesmos no exercício de suas funções. Esses momentos de *intervalos* fazem parte de uma relação que não se inicia ou se encerra com o vídeo, mas permanece no entra e sai dos custodiados.

A linguagem também é algo que merece destaque. A diferença do vocabulário do custodiado ou da custodiada frente ao dos operadores do Direito revela não só a posição que ocupam durante a encenação da audiência, mas também suas posições sociais. Não era incomum que os custodiados e custodiadas não entendessem o que lhes era perguntado. A situação mais comum era a pergunta: "qual o seu estado civil?", tendo como resposta, da pessoa custodiada: "São Paulo". Entre risos debochados ou respostas sérias, a correção dessas respostas dependia de cada juiz e, como veremos, das suas "personalidades".

No momento de transcrição dos casos, em uma tentativa de articulação de todas as fontes citadas, eu me esforcei para deixar claro em quais momentos relato o que descrevi a partir da minha memória, o que é uma elaboração das anotações do meu caderno de campo e o que são transcrições literais dos vídeos. Utilizo alguns recursos gráficos:

Iniciais: nas transcrições literais das falas extraídas dos vídeos, utilizo as iniciais para indicar o interlocutor da fala.

1. Os operadores são identificados com as iniciais das suas profissões:

   J para "juízes"

   P para "promotores"

   D para "defensores"

2. Os custodiados são identificados com iniciais dos seus nomes fictícios:

   A para "Alberto"

   F para "Flávio"

   D para "Danilo"

   R para "Robson"

   L para "Luana"

   C para "Carla"

Observação: os casos, para além dos nomes dos custodiados, também receberam nomes referentes à situação mais marcante que representaram, de forma que, ao longo do capítulo IV, poderei proceder à análise dos casos a partir desses pontos e não somente mencionando os nomes dos custodiados, facilitando, assim, a compreensão do leitor.

Colchetes: utilizo os colchetes para indicar transformações na voz ou movimentos corporais. Exemplo: [se dirigindo à promotora], [aumentando o tom de voz].

Travessões: utilizo-os para indicar interrupções bruscas na fala. Exemplo: "mas eu–".

Quanto aos usos coloquiais de expressões ou palavras, procurei respeitar a forma como os discursos foram elaborados e expressos, sem corrigir o que se poderia considerara "erros de português", mas inseri pontuações que permitem a compreensão de pausas e de mudanças de pensamento. Os termos jurídicos foram mantidos da forma como foram pronunciados. As instituições foram escritas em letras maiúsculas (exemplo: Defensoria Pública), porém, as pessoas, ainda que exercendo suas funções profissionais, foram mantidas em minúsculas (exemplo: defensor).

2. CASO ROBSON OU "O USUÁRIO DE CRACK"

Robson tinha marcas visíveis de agressões quando entrou na sala de audiência. Com gestos cuidadosos, ele andou devagar, quase se arrastando, e se sentou. Obedeceu ao policial militar e colocou as mãos algemadas debaixo da mesa. Ele usava um moletom velho e bege, com uma estampa azul na parte da frente. Estava com os olhos roxos e inchados, as mãos vermelhas e machucadas, com o que parecia ser o que chamamos de "sangue pisado". De onde eu estava sentada, não conseguia enxergar exatamente quantos, mas pelo menos dois dentes estavam quebrados. A expressão cansada, o corpo sujo, um sujeito bem magro, a roupa parecia apenas repousar sobre seus ossos. Das audiências que acompanhei, as marcas de agressão de Robson foram uma das mais graves que vi. Pensei que ele deveria ter sido encaminhado a um hospital, não para a audiência.

Robson respondeu às questões sempre olhando para a juíza. Não desviou o olhar para a promotora ou para o defensor público sentados ao seu lado. Falava baixo, porém firme. Cerrava os olhos quando não entendia a pergunta. O único momento em que abaixou a cabeça foi durante as exposições da promotora. Ele negava com a cabeça as afirmações que ela fazia sobre o que constava no B.O., mas não fez gestos afirmativos com a fala da defensora. Ele foi bem assertivo nas perguntas e no meu formulário sobre o seu caso eu preenchi que ele "falou espontaneamente" sobre a agressão que sofreu, antes mesmo de ter sido perguntado pela juíza sobre alguma violência no momento da prisão.

Era dia 16 de novembro de 2015, uma segunda-feira de manhã, o que significa que Robson havia sido preso no domingo à tarde ou à noite. O vídeo da audiência tem 14 minutos e 09 segundos. Robson está no centro da câmera e mais ninguém aparece. Enquanto ele fala, há barulhos de movimentações secundárias ao fundo, como de pessoas se levantando ou se sentando, além do barulho dos dedos da juíza que digitava todo o tempo, inclusive enquanto conversava com ele.

A juíza iniciou a audiência com as perguntas protocolares, conferindo os dados biográficos que constavam do auto de prisão em flagrante. Às primeiras perguntas, ele já respondeu de forma não tão automática. Ele usou algumas gírias, mas soube expor bem o que aconteceu. Ele faz referências ao que acaba de dizer quando vai repetir um argumento, "como eu já disse pra senhora", ao mesmo tempo que confessa não se lembrar totalmente do tempo em que permanecera preso por causa "dessas droga véia". A "droga véia" é o crack que, segundo ele, era o motivo pelo qual estava ali.

Por muito tempo, até o fim da audiência, eu não consegui entender qual teria sido o crime praticado por Robson. Somente quando a promotora fez o pedido de prisão eu pude juntar algumas peças para entender em que contexto o flagrante teria acontecido. Ainda assim, durante a audiência, os elementos sobre a violência sofrida por Robson permaneceram nebulosos. Abaixo transcrevo, literalmente, o vídeo da audiência.

J: Senhor Robson, essa audiência aqui é pra gente ver se o senhor vai responder o processo solto ou preso, tá? O senhor tem quantos anos?

R: Tenho 31 anos.

J: 31?

R: 31, senhora.

J: O senhor trabalha?

R: Não senhora, no momento eu tava desocupado.

J: E o senhor-

R: Mas já trabalhei já.

J: O que que o senhor fazia?

R: Eu era assistente do meu pai.

J: E faz quanto tempo que o senhor tá desempregado?

R: Agora faz... sete meses.

J: O senhor tá vivendo do que?

R: Ah, trabalhando assim de reciclagem, sucata, esses negócio assim...

J: O senhor mora com quem?

R: Senhora, eu tava morando com a minha mãe e com meu pai, mas devido a meu pai falecer, eu ter caído na vida assim, na droga meio errada, aí eu tava morando na rua, senhora.

J: E sua mãe? Sua mãe sabe onde você tá? Sua mãe sabe que o senhor tá na rua?

R: Sabe senhora, devido a esse motivo aí assim. Aí vizinha, pessoas que conhece minha mãe, assim, falar que eu tava usando droga, não sei o que, aí eu preferi ficar na rua, entendeu senhora?

J: E sua mãe trabalha?

R: Minha mãe trabalha.

J: E o que que ela faz?

R: Ela é empregada doméstica.

J: O senhor tem irmãos?

R: Tenho, somos em 8 irmãos, senhora.

J: E eles moram com sua mãe?

R: Não, são 6... 5... casado e duas mora com ela, que são as gêmeas, moram com ela.

J: Elas têm quantos anos?

R: Elas têm 19 anos.

J: Elas trabalham?

R: Elas trabalham.

J: E o senhor estudou?

R: Eu estudei senhora, até a quinta série só.

J: Por que parou de estudar?

R: Ah, porque tipo... A maneira que nóis foi criado. A maneira assim, tipo, dentro de favela, na rua, eu ia pra escola e ao mesmo tempo não ia pra escola, entendeu? Tipo falava pra minha mãe "vou pra escola" só que eu não ia pra escola, eu ia pra rua, entendeu? Então minha maneira de ser sempre foi uma maneira meio... Assim...

J: E o senhor faz uso de que droga?

R: Crack, senhora.

J: Crack?

R: Sim, senhora.

J: E como é que é? Tá sendo toda hora, todo dia?

R: Não senhora, isso aí tava sendo... Devido eu tá fumando direto assim, então eu até preferi sair de casa.

J: Toda hora então, né?

R: É, saí pra minha família não passar essa vergonha.

J: Aham... e como que o senhor tá arrumando dinheiro pra usar crack?

R: Então, é igual eu falei pra senhora, eu arrumava uma reciclagem, ou então tipo assim, igual aconteceu esse delito aí comigo agora, o rapaz tinha me oferecido 10 real pra mim poder ajudar ele a descarregar lá o negócio que foi lá. Aí eu peguei na hora que eu tava descarregando, apareceu a viatura, aí eu, devido eu saber que eu era procurado, aí eu falei, bom, eu vou correr né, aí nessa que eu tentei correr, senhora, aí foi na hora que o policial me grudou assim pelo pescoço assim ó [faz sinal de enforcamento], entendeu senhora, aí ele me grudou pelo pescoço, eu sabendo que eu tava vivendo nessa situação que eu tava né, aí foi tentar passar uma rasteira em mim, nessa que ele tentou passar uma rasteira em mim, ele caiu junto comigo. Nessa que ele caiu junto comigo, o outro polícia já chegou e me deu um monte de soco na cara assim [faz sinal de socos com as mãos]

J: E como que eles eram, o senhor lembra?

R: Lembro sim, era um polícia meio fortinho, e o outro era um que eu olhei na bandeira aqui [aponta para o peito esquerdo] e tava escrito "gazela".

J: Era policial civil ou militar?

R: Militar, senhora.

J: E... o senhor já foi preso antes?

R: Já, senhora.

J: Por quê?

R: Por causa de 155, senhora.

J: Foi só isso?

R: Foi 155 que virou 157, né senhora. Porque foi tentativa de 155, mas aí virou 157.

J: E o senhor foi pego com uma arma?

R: Arma não, senhora.

J: Nunca foi pego com arma?[77]

R: Não senhora. Porte de arma a senhora fala?

J: É.

---

[77] O Artigo 155 do Código Penal tipifica o crime de furto e o Artigo 157 tipifica o crime de roubo (Código Penal Brasileiro: Decreto-Lei número 2.848 de 1940).

R: Isso aí foi lá na Praia Grande.

J: Foi pego com arma então?

R: Fui, senhora.

J: O senhor ficou preso quanto tempo ao todo?

R: Ao todo, lá, senhora, eu não me recordo muito bem não, senhora, devido a essa droga véia aí, eu já...

J: O senhor fugiu?

R: Não, eu paguei. A única vez que eu fugi foi essa agora, entendeu?

J: Bom-

R: Devido a meu pai estar nessa situação, assim de saúde meia fraca, aí eu fui uma vez de saidinha, voltei, fui outra vez de saidinha, voltei, terceira vez de saidinha, voltei também, aí pela quarta vez que me soltaram, aí eu não voltei senhora, entendeu. Mas minha vontade era voltar sim, só que devido meu pai tá com a saúde meia fraca, aí eu falei "ah ficar na rua né". Aí fiquei esse tempo todo na rua. Pra senhora ver, se eu tivesse fazendo algo de coisas meio de errado, acho que não teria ficado tanto anos—

J: Quanto tempo faz isso?

R: Dois anos já, dois anos e alguns meses já. Entendeu senhora, acho que se eu tivesse fazendo essas coisas meio errada aí eu não "taria" na rua esse tempo todo

J: Senhor Robson, o senhor tem o direito de ficar em silêncio, tá?

R: Tá.

J: O senhor quer falar mais alguma coisa sobre esse flagrante aqui?

R: Não, senhora.

J: Não—

R: Só queria falar que eu me arrependo muito senhora, entendeu, por tudo que eu fiz, entendeu, até mesmo de estar nessa situação como eu tô aqui perante a senhora, entendeu, só isso que eu quero falar.

J: O senhor não quer ajuda?

R: Eu quero

J: Pra sair desse mundo?

R: Eu quero ajuda de tratamento também, senhora. Pra mim poder sair dessas droga.

J: Doutora [se dirigindo à promotora]. Silêncio. Doutora [se dirigindo à defensora]

D: Robson, aqui consta que você estaria na condução daquele carro que foi encontrado.

R: Não, eu não sei dirigir.

D: Não sabe dirigir?

R: Não sei dirigir, não.

D: Você tava só tirando as mercadorias?

R: Não, eu tava tipo- igual eu falei pra senhora, né senhora, devido à eu ser usuário de droga, não ter serviço, não tem muito o que fazer, eu vi esse carro lá, aí parecia o carro que tava velho, que dá pra tirar, que tem cobre, tem alumínio, aí nóis tira isso daí, no caso eu ia tirar isso daí, pra poder queimar o pó, e depois vender o alumínio, isso ia dar o que, ia dar uns 30 real, mais 10 reais que o cara tinha me oferecido, ia dar 40 reais.

D: Robson, sobre essas agressões policiais, você tá com alguma outra marca além dessas do rosto?

R: [mostra as mãos] aqui.

D: E esse machucado aqui no braço?

R: [levanta o braço] isso aqui foi devido a ele tá tentando me algemar né, aí...

D: E alguém presenciou o momento que você foi agredido?

R: Então, igual eu falei pra senhora, presenciar, presenciaram, tiveram algumas pessoas que até filmou e tudo, porque o polícia falou que ia me zerar, aí teve umas pessoas que começou a filmar lá, mas não teve ninguém que foi até a delegacia.

D: Ninguém apareceu na delegacia?

R: Não...

D: E filhos, você tem, Robson?

R: Tenho uma filha, só que ela não tem meu nome não, senhora.

D: Quantos anos ela tem?

R: Ela tem 5 anos.

D: Só isso.

J: [indica que a promotora pode começar a se manifestar]

P: Meritíssima juíza, doutora defensora: trata-se de auto de prisão em flagrante lavrado em desfavor de Robson da Silva, pela prática dos crimes de receptação e resistência. Há indícios de autoria e também prova da materialidade delitiva, concernente aos dois crimes em questão, por intermédio dos depoimentos das testemunhas dos policiais militares que procederam à abordagem do autuado e à localização do veículo por conta de furto, encontrado na posse do mesmo. Verifico que houve ainda o crime de resistência, uma vez que consta nas declarações do policial que o soldado PM Gazela efetuou a abordagem do autuado que se encontrava no interior do veículo, produto de furto, e que, ao perceber que seria abordado, ele tentou empreender fuga e houve uma perseguição à pé, quando houve resistência à prisão por parte do autuado, iniciando uma luta corporal, com um policial militar. O policial narra que, tentando deter o indivíduo, ambos acabaram caindo ao chão, caindo sobre entulhos. O policial também sofreu lesões no rosto e nos braços e, após, ele conseguiu êxito em deter o autuado, recebendo apoio para enfim algemá-lo. Assim, as agressões noticiadas são produto da resistência perpetrada e não agressões policiais, como quer dizer nessa audiência o autuado. Ele resistiu à prisão, entrou em luta corporal com o policial militar e restaram lesões em ambos. Verifico ainda que as condições pessoais do autuado são extremamente negativas: o mesmo consta com 3 execuções criminais, é evadido do sistema penitenciário, da Penitenciária Franco da Rocha, não retornou para cumprir o restante de sua pena e, em liberdade, novamente praticou outro crime. Ou seja, entendo que os requisitos da cautelaridade se configuram presentes. As condições pessoais do autuado são negativas, motivo pelo qual requeiro a conversão da prisão em flagrante em prisão preventiva.

Robson permaneceu calado durante a exposição da promotora. Conforme ela ia descrevendo sua tentativa de fuga que constava dos documentos policiais, ele ia fazendo um sinal negativo com a cabeça. Olhava para a mesa e parecia prestar muita atenção. Eu fiquei pensando como deve ser escutar sua história narrada pela boca de outra pessoa. Uma pessoa de autoridade diz, em voz alta, o que aconteceu com você. Por algum motivo, ela, que não estava lá, tem mais poder sobre aquela história do que você, que de fato estava lá. Sem poder intervir, apenas podendo escutar. É uma submissão verbal.

D: Excelência, a Defensoria Pública requer de início que seja relaxada a prisão em flagrante do indiciado Robson, tendo em vista a notícia nesta audiência que ele foi severamente agredido pelos policiais responsáveis por sua prisão, logo após a abordagem. Frisa-se que a existência de forte indício de ocorrência de tortura ou maus tratos no momento da prisão, sem prejuízo de eventual instauração de inquérito policial ou processo administrativo das esferas competentes, é o suficiente para nulidade do ato da prisão, de acordo inclusive com a súmula vinculante número 11 do Supremo Tribunal Federal. Além disso, de acordo com entendimento da Corte Europeia de Direitos Humanos, o relato do autuado no sentido de que foi vítima de tortura ou maus tratos goza de presunção de veracidade, devendo, portanto, ao menos nesse momento inicial, ser tido como verdadeiro. Destaque-se, ainda, que é preciso atribuir efeitos jurídicos a situações em que está evidenciada a prática de tortura ou maus tratos. Ainda, o Estado, na figura do Judiciário, não pode se omitir diante de tal situação, sob pena de legitimar a imposição de penas sem previsão legal pelos agentes estatais, bem como de estimular a adoção de práticas arbitrárias e relativizar a dignidade daqueles que são vítimas sistemáticas de tais violações. Além disso, nessa oportunidade, Robson negou veementemente a prática do crime de receptação, como foi citado, afirmando que, no momento da abordagem, não estava na condução do veículo, produto de ilícito. Informou ainda que teria sido detido fora daquele veículo, bem como fora apenas pago para retirar objetos daquele automóvel, bem como que seria pago por uma determinada quantia, e que ele teria aceitado aquele encargo uma vez que é usuário de drogas e precisa de meios para sustentar o seu vício. Da mesma forma, quanto ao crime de resistência, Robson afirmou apenas que teria fugido/tentado fugir, pouco antes da abordagem, uma vez que teria conhecimento de que é procurado da Justiça. Negou, contudo, que tivesse agredido o policial responsável por sua prisão. De qualquer modo, ainda que estivesse configurado somente o crime de resistência, tal delito tem pena de detenção de 2 meses a 2 anos, sendo, portanto, infração de menor potencial ofensivo. Caso seja esse o entendimento de Vossa Excelência, a defesa requer ao menos que seja concedida a Robson da Silva a liberdade provisória. Isso porque ele supostamente se envolveu em delito sem violência, efetiva violência física, ou emprego de arma de fogo, ou mesmo emprego de qualquer arma. Além disso, Robson, nessa oportunidade, justificou o motivo pelo qual não teria retornado ao presídio no qual estava detido, afirmando que, num primeiro momento, seu pai estaria doente, estando com dificuldades cruciais. Contudo, com o falecimento do seu genitor, passou a se encontrar em difícil situação financeira, portanto residindo nas ruas, não constituindo, dessa forma, condições financeiras suficientes para retornar para aquele estabelecimento. Além disso, Robson afirmou que apesar de estar em situação de rua, possui família, sua mãe tem residência fixa, local em que poderia ser encontrado caso fosse necessário ao longo da persecução penal. Informou também que possui irmãos e que possui uma filha menor de idade, que dele depende para a garantia de sua subsistência. Dessa forma, é evidente que Robson demonstrou não ser pessoa de alta periculosidade a ponto de justificar a necessidade de segregação social. Quanto aos antecedentes do indiciado, importante destacar que, conforme reiteradamente decidido pelos tribunais superiores, maus antecedentes ou até mesmo a reincidência, por si só, não é o suficiente para se ensejar a decretação da prisão preventiva. Também [ruído que impossibilitou a escuta da gravação] se for o entendimento de vossa excelência, a defesa pede que seja concedida a Robson a liberdade provisória, com aplicação de outra medida cautelar que não a fiança. Por fim, ainda considerando a notícia de abuso por parte de Robson nessa oportunidade, bem como que ele apresenta lesões aparentes tanto em sua face quanto em suas mãos, peço que seja instaurado inquérito policial.

Durante a fala da defensora, Robson tinha os olhos voltados para cima, mas algo parecia ter se perdido. Seus olhos já não estavam tão focados, não é possível dizer se ele estava ouvindo ou se entendia a sua defesa. A fala da defensora foi longa e bem elaborada. Foi uma das únicas vezes em que eu ouvi um membro da Defensoria Pública citar um documento internacional para embasar a defesa. As estratégias foram variadas: desde a súmula 11 do Supremo Tribunal Federal, que não permite o uso de algemas, até a Corte Europeia de Direitos Humanos. Assim como Robson, a defensora centrou sua argumentação no fato de que Robson foi visivelmente agredido. Não havia dúvida de que havia apanhado muito.

O vídeo se encerra com o fim da manifestação da defensora. A juíza levou cerca de mais quatro minutos para terminar de digitar sua decisão, que havia começado quando a promotora começou a falar, porque era possível ouvir o barulho das teclas. Ela então disse: "Robson, eu vou manter o senhor preso. Lá dentro do presídio o senhor pode procurar tratamento para seu vício, o senhor precisa se ajudar".

Robson não respondeu. Ficou olhando para a juíza com um olhar demorado. A defensora então disse para ele, em voz baixa e calma, em uma conversa que não foi gravada, mas que eu registrei da seguinte forma:

D: Robson, eu vou tentar reverter isso. Eu vou fazer um recurso e vou tentar te soltar. Você tem algum telefone para a gente avisar a sua mãe?

R: Não, não me lembro.

D: Nem o telefone das suas irmãs... De alguém que mora lá?

R: Não, não consigo lembrar.

D: Tudo bem... Eu vou mandar uma carta então. Vou ver se alguém aparece. Mas vou fazer o recurso, tá bom?

R: Tá bom, doutora, obrigado.

No dia seguinte, quando tive acesso ao processo físico de Robson, eu vi que a juíza pediu instauração de procedimento de investigação junto ao DIPO 5. Logo após a audiência, Robson passou por um exame do Instituto Médico Legal e, no processo, havia uma cópia da mídia. Do resultado desse exame constatava que ele tinha sofrido "lesões corporais de natureza leve". O exame detalhava que havia escoriações no rosto de Robson, bem como marcas de sufocamento no pescoço e vermelhidão na região dos pulsos.

3. CASO FLÁVIO OU "O BALEADO"

Em meados de outubro de 2015, houve uma frente fria na cidade de São Paulo. A média de temperatura naquela semana variava entre 12 e 21 graus, algo excepcional para a primavera que se aproximava. A condição das pessoas apresentadas em audiência de custódia nessa semana mudou sensivelmente. O frio revelava corpos descobertos, com tremores, enquanto os operadores e os funcionários comentavam que o frio estava "até que gostoso", com seus ternos bem cortados e seus casacos que não eram retirados do armário desde a última viagem à Europa. O contraste era marcante. A obrigatoriedade do uso do chinelo nas audiências foi relativizada para que as meias pudessem ser mantidas, o que revelava meias incompletas, as vezes sujas, as vezes grossas, as vezes emprestadas.

Não era comum ver a raiva dos acusados. As reações normalmente variavam entre a seriedade, a timidez e, quase sempre, o medo. Nos casos mais extremos, o choro. No caso de Alberto, que começou antes mesmo de Flávio entrar em audiência, a raiva que ele estampou no rosto, nas mãos, no corpo machucado e nas palavras, fizeram os policiais reforçarem a segurança. Normalmente, há um policial militar responsável pela escolta de uma pessoa. No caso de Alberto havia dois policiais que se revezavam entre distanciamento e proximidade. Percebi a presença de Alberto quando ele ainda estava no corredor. Eu estava dentro da sala de audiência e o escutei gritando com o defensor: "esses caras vão me matar! Eles querem me matar!".

O defensor pediu que ele se acalmasse, quando então fez silêncio, mas entrou visivelmente alterado na sala. Pisava com passos pesados, se sentou na cadeira bufando e olhou para o juiz. Seu braço esquerdo tinha machucados visíveis e as pernas pareciam ter sido queimadas. O juiz, irritado, antes de começar a gravação da audiência em vídeo, se dirigiu a ele:

J: Por que o senhor entrou na minha sala de audiência desse jeito?

A: Porque eu já sei o que é isso aqui, isso aqui é uma farsa, ninguém vai me ouvir.

J: Eu de fato não vou ouvir se o senhor continuar com essa atitude [levantando a voz].

A: Eu levanto a voz também, o senhor quer ver? Eu também sei gritar [levantando a voz].

J: O senhor acha que é quem pra gritar comigo?

A: Eu estou gritando porque o senhor está gritando. Educação vem de casa. Se o senhor gritar comigo, eu grito de volta. Não é porque eu sou morador de rua que eu não tenho dignidade.

O juiz então respirou fundo e não respondeu. Ficou um minuto em silêncio, olhou para o computador, olhou para o processo. Fez um sinal afirmativo com a cabeça para que o escrevente iniciasse a gravação do vídeo e, embora eu não tenha tido acesso ao vídeo, registrei a seguinte sequência de falas:

J: Qual o seu nome?

A: Alberto.

J: Quantos anos o senhor tem?

A: 54.

J: E o senhor mora na rua?

A: Há 15 anos.

J: E por quê?

A: Por causa da vida. Eu passei anos trabalhando, me dedicando à família. Acabei ficando desempregado e tudo deu errado.

J: E por que o senhor não foi procurar um emprego?

A: E o senhor acha que eu não fui? Eu procurei muito, mas não teve jeito. Mas eu vou falar uma coisa pro senhor, [começa a aumentar o tom de voz] eu tô aqui pela falta de disciplina dos policiais, que não sabem fazer o próprio trabalho, me acusaram porque eu sou morador de rua e forçaram a menina a me reconhecer. Eu era a primeira pessoa que eles encontraram, estava dentro do túnel junto com a carroça que eu demorei um tempão pra conseguir comprar.

J: Se o senhor não se acalmar, a gente vai ter que interromper essa audiência.

A: Interrompe então, interrompe!

Nesse momento, os dois policiais que estavam atrás de Alberto o levantam à força da cadeira e o levaram para fora da sala. O juiz diz ao defensor que só vai reiniciar a audiência se ele se acalmar. O defensor se levanta e vai para fora da sala, falar com Alberto. De dentro da sala, conseguimos escutar que Alberto começa a discutir com os policiais da escolta. Ele grita: "já cansei de apanhar de vocês, sempre tem mais um pouco, já foi meu braço, queimadura, o que mais vocês querem fazer comigo?".

O juiz e o promotor começam a trocar olhares, visivelmente impactados com a agressividade de Alberto. O juiz então pede para que o escrevente mande chamar outra pessoa na carceragem e se dirige ao policial militar: "leva ele de volta pra carceragem pra ele esfriar a cabeça e depois a gente recomeça. Desse jeito não dá".

Alberto foi escoltado de volta para a carceragem e durante todo o caminho eu consegui ouvir seus gritos de raiva no corredor. Sua voz foi ficando distante e a última frase que consegui compreender foi: "o Estado é que mata. Eu não sou bandido, eu sou morador de rua. Eu cansei de vocês". O contraste entre a racionalidade do juiz, que tem um método e um objetivo, e a emoção de Alberto, oferece à situação uma sensação quase caricatural do que seria o "controle" e o "desespero".

Em seguida, os policiais apareceram com um outro homem algemado, cabisbaixo, e o posicionaram de frente para a parede, à espera do defensor. Depois de alguns minutos, Flávio entrou na sala de audiência de custódia com um braço por dentro da camiseta e o outro para fora. A princípio, achei que fosse devido ao frio. Ele se sentou com cuidado e eu pude ver que ele estava com o braço engessado. A camiseta tinha manchas de sangue seco, esparsas.

Logo após se sentar, Flávio me avistou em uma cadeira do lado da mesa do escrevente, no canto lateral da sala. Ele me olhou nos olhos e não prestou atenção ao fato de que o juiz já estava falando com ele. Era raro que o custodiado me visse, mas não por uma questão de posição, já que a sala era pequena e uma boa olhada ao redor seria suficiente para me ver sentada ali. Normalmente, eles não me viam porque eu não era "alguém" ali. Minha posição, atrás da mesa da audiência, me deixava fora do círculo de pessoas que podiam tomar alguma decisão.

Mas Flávio me viu mesmo assim. Eu fiquei sem graça, não soube o que fazer, e desviei o olhar para o meu *tablet*, onde eu preenchia formulários com dados das audiências. Nos comentários dessa audiência, eu escrevi coisas diversas: "Me viu – sangue camiseta – braço quebrado – audiência fantasma estranha".

Foi mais uma das audiências em que eu demorei um bom tempo para entender o que havia acontecido com Flávio. O episódio inteiro do flagrante, eu só fui entender no dia seguinte, ao ler o auto de prisão em flagrante, com os exames médicos e a certidão de óbito.

O vídeo da audiência, que transcrevo aqui, começa exatamente com esse momento em que Flávio me enxerga e não ouve o juiz. O juiz o repreende, chama a atenção. Flávio quase não fala nada, fica olhando para frente, acena que não com a cabeça enquanto a promotora diz que ele estava portando uma arma de brinquedo. A audiência é bem rápida, o que já era típico desse juiz em particular.

J: Senhor Flávio?

F: Isso [com a cabeça voltada em minha direção]

J: Tá olhando o que pra lá?

F: Oi? [olha para o juiz]

J: Oi. [silêncio] Falei 'Senhor Flávio' e você ficou olhando pra lá. Tem alguma coisa ali?

F: [faz um gesto negativo com a cabeça]

J: O senhor trabalha ou não?

F: Trabalho, na Vila Alba.

J: Ganha quanto por mês?

F: Ganho por dia. Tava fazendo bico de – [inaudível]

J: O senhor já foi preso alguma vez?

F: Nunca.

J: Onde o senhor mora?

F: Na Vila Matilde.

J: Mora com quem lá?

F: Com meus pais

J: Quer falar alguma coisa do que aconteceu aí ou não?

F: [faz que não com a cabeça]

J: Doutora [se dirigindo à promotora], tem alguma pergunta?

P: Não, não tenho nada.

J: [indica que o defensor pode perguntar]

D: Há quanto tempo, Flávio, que você mora com seus pais no endereço?

F: Uns 5 anos.

D: Não tenho mais nada, é isso.

J: [juiz indica com a cabeça que a promotora pode iniciar a fala]

P: Meritíssimo juiz, o flagrante está formalmente em ordem, não sendo caso de relaxamento. Trata-se de caso de delito de roubo praticado com emprego de grave ameaça contra pessoa, consistente no uso de uma arma de brinquedo. Está presente a causa de aumento de concurso de agentes. A vítima, que é policial militar, reagiu à ação dos roubadores e alvejou fatalmente o comparsa do averiguado, que pilotava uma motocicleta utilizada por eles. O averiguado foi atingido e socorrido ao hospital. Há reconhecimento pessoal do averiguado por parte da vítima, tratando-se de grave delito, praticado com emprego de grave ameaça contra pessoa. Requeiro à Vossa Excelência a conversão do flagrante em prisão preventiva, para garantia da ordem pública, por entender que as medidas cautelares alternativas à prisão não são adequadas ao caso ora apurado. Só isso Excelência.

D: Meritíssimo juiz, o indiciado Flávio é primário e não ostenta qualquer outro antecedente criminal. Possui apenas 20 anos, informou possuir residência fixa nesta capital e exerce atividade lícita, como agora afirmado nesta audiência de custódia. Suas circunstâncias pessoais, portanto, são bastante favoráveis. Quanto aos fatos, cabe ressaltar que nada foi subtraído da vítima, ao contrário, houve pronta reação, o que lamentavelmente levou à morte de um cidadão e o indiciado aqui presente foi também vítima dos disparos realizados pelo proprietário da motocicleta supostamente abordada. A custódia de Flávio agravará seu estado de saúde, visto que foi vítima de dois disparos de arma de fogo, um atingindo seu braço e outro atingindo sua mão. A sua liberdade certamente contribuirá para a melhora do seu estado de saúde. Não há nenhum elemento de que há qualquer risco à ordem pública, visto que Flávio é primário, como destacado, não consta de qualquer outro antecedente criminal. Por entender ausentes os requisitos para a prisão preventiva, postula a Defensoria Pública a concessão da liberdade provisória em favor do indiciado. Destaca-se, como já ressaltado no presente caso, o estado de saúde do presente caso que, uma vez recolhido ao cárcere, não terá condições de buscar o devido atendimento médico. Dessa forma, insiste a Defensoria Pública na concessão de liberdade provisória, tal como aqui postulado. Nada mais, Excelência.

J: Obrigado, doutor.

Foi quando a promotora explicou o flagrante que eu pude entender o braço e a quantidade de sangue na camiseta. Ninguém pediu detalhes, ninguém quis saber o que realmente tinha acontecido. A versão do documento escrito bastou para que os operadores tirassem suas próprias conclusões sobre os fatos.

No dia seguinte, como de costume, tive acesso aos documentos do caso do Flávio. O auto de prisão em flagrante continha a versão da vítima do roubo, que era policial militar, com detalhes sobre o momento em que estava saindo da moto para ir a uma loja, pois era seu dia de folga, quando foi abordado por dois jovens. A vítima disse que pensou que os dois estavam armados e, por isso, realizou três disparos com arma de fogo, dois dos quais atingiram Flávio e um a cabeça de outro rapaz. O laudo de apreensão da arma dizia que o que foi apreendido com Flávio era um "simulacro de arma de fogo".

No documento com o depoimento de Flávio na delegacia, havia a confissão que havia tentado roubar a moto, mas não há menção sobre arma de fogo. O depoimento dele obedece a uma lógica de pergunta e resposta, porém sem a pergunta. É difícil identificar em qual posição ele estaria no momento da abordagem, para onde teria corrido ou como ele teria sido atingido. "O indiciado afirma que estava com outra pessoa no momento em que se aproximou da vítima, afirma que não sabia que a vítima era policial militar, afirma que tentou empreender fuga". Também havia nos autos o resultado do exame do IML e foi constatada "necessidade de exame complementar" para melhor apuração da lesão sofrida.

Se o colega de Flávio tivesse sobrevivido e permanecesse internado, esse teria sido um caso das chamadas "audiências fantasmas": audiências realizadas para presos que não podem ser apresentados por terem sido levados ao hospital. Nessas audiências, a câmera fica apontada para a parede e os operadores falam como se a pessoa estivesse presente. Nesse caso, eu anotei "audiência fantasma estranha" porque a outra pessoa baleada no flagrante foi uma vítima fatal do policial militar que teria reagido ao assalto. Ela não estava no hospital e não seria transferida para o CDP, então não se tratava de uma audiência fantasma comum: era o incomum dentro do já incomum.

O mais curioso dessas "audiências fantasmas" era que, por óbvio, a pessoa presa em flagrante não pode se manifestar. Se a intenção da criação dessas audiências de custódia era a de escuta, as "audiências fantasmas" eram o exato oposto disso. Nos outros casos que presenciei, não havia a preocupação de repetição da audiência quando a pessoa recebesse alta do hospital. A depender da decisão tomada ali, ela é levada diretamente ao CDP ou é liberada. A pessoa internada é apenas informada sobre o que foi decidido em sua audiência.

Por que, então, eu fiz essa associação no caso do Flávio? Se na prática não se tratava de "audiência fantasma", já que não havia outra pessoa a ser ouvida? A minha correlação se deu por entender que está presente uma questão com a palavra "vítima". Para a promotora, a vítima é o policial militar. Já segundo o defensor, houve uma fatalidade com a morte de um cidadão e o próprio indiciado teria sido "vítima" dos disparos do policial militar que reagiu ao assalto. Quem é mais vítima? Existe uma vítima falsa e uma verdadeira?

4. CASO LUANA OU "A MULHER TRANS"

Todos os dias aconteciam interações entre os operadores que me chamavam a atenção. A troca de presos, entre uma audiência e outra, abria espaços para que os operadores conversassem entre si. Apesar de tratados aqui como um conjunto ("os operadores"), era possível perceber distinções grandes que eles mesmos estabeleciam uns frente aos outros, separando-se de acordo com certas características e normalmente operando a partir da dicotomia "nós-melhores" e "outros-piores", de forma que cada um defendia a sua profissão e o exercício da sua função profissional como as mais importantes.

Não é meu objetivo dissertar sobre o que poderia ser compreendido como uma Antropologia ou Sociologia das profissões, embora o campo tenha aberto essa possibilidade. Parto da ideia de que o que era dito fora dos momentos das audiências também as compôs, ou seja, a mesma dinâmica que impacta faz parte das percepções que os operadores têm sobre as audiências.

No dia 04 de novembro de 2015, as interações foram intensas. Havia uma agitação geral entre os juízes, por algum motivo que não consegui identificar. Os diálogos foram frequentes e eu presenciei, mais de uma vez, a presença de um juiz na sala do outro, o que não era comum. Se fosse possível fazer uma escala de movimentação, eu diria que os que menos se movem são os juízes. Eles ficam sentados todo o tempo em suas cadeiras, esperando que o funcionário do tribunal traga as cópias dos processos. Eles têm tudo à disposição: a burocracia dos papéis, os escreventes que gravam os vídeos, os policiais que vêm e vão com os presos.

A separação de gênero entre os juízes, que no começo da implantação das audiências, em fevereiro e março daquele ano 2015, era discreta, passou a ser escancarada depois de maio. Os funcionários responsáveis pelas audiências, junto com os juízes, começaram a fazer "o dia dos homens" e "o dia das mulheres". Isso significava que de terças e quintas-feiras seriam apenas os juízes homens que presidiriam as audiências e de segundas, quartas e sextas, apenas as juízas mulheres, ordem invertida na semana seguinte. Apesar de as conversas entre as salas serem raras, parecia haver um acordo de que todos se sentiam mais confortáveis sabendo que os seus pares sentados na sala ao lado eram do mesmo gênero que o seu. Por várias vezes, eu ouvi os juízes comentando que as juízas eram más, muito exigentes. Do lado delas, havia reclamações de que eles falavam demais. Essa separação por gênero pareceu acalmar os ânimos, inclusive dos demais funcionários, que rapidamente se acostumaram com essa dinâmica.

Em seguida, na escala de movimentação, há os promotores. Eles levantam, às vezes, para falar com o assessor designado pelo Ministério Público e buscar novos processos. Mas, na maior parte do tempo, ficam sentados à mesa, esperando a audiência começar. É nesse momento pré-audiência que há a interação entre juiz e promotor sem a presença da defesa: eles conversam sobre a vida e os casos. É possível dizer que eles têm proximidade e intimidade entre si, o que não envolve os defensores. Muitos deles eram amigos antes de passar em concursos, ou já trabalham há tempos juntos em outras varas judiciais e com outros temas. É comum que eles comentem o que fizeram juntos no final de semana: churrascos, jogos de futebol, conhecer o filho de alguém.

Parece haver, também, um alinhamento ideológico que é comunicado de diversas formas, desde uma troca de olhares, até a exposição direta de comentários sobre a forma como aquele custodiado "leva a vida".

A partir do levantamento que fiz para a pesquisa, eu descobri que das 588 audiências tabuladas, em 72% o juiz acatou os pedidos do Ministério Público[78]. Essa concordância, para além do que se espera, era expressa nos juízos extra-legais, que eles faziam dentro das salas, ou seja, nos comentários de natureza moral, expressos em frases como: "nossa, esse aqui tem cara de bandido mesmo", "não acredito que essa mulher ainda tem tanto filho", "a família toda presa, é óbvio que ia vir parar aqui".

Apenas em duas ocasiões eu vi o promotor e o juiz divergirem sobre a periculosidade do custodiado a ponto de o juiz decretar a prisão contra o pedido do Ministério Público, o que é considerado ilegal. Em uma delas, o promotor achava que o furto de celular durante a Parada Gay em São Paulo não tinha sido nada demais e que ia pedir a liberdade, mas o juiz dizia que era por conta de "crimes dessa natureza" que estávamos vivendo uma "escalada de violência na rua" e que por isso iria "dar um susto" naqueles dois. Nessa audiência, mesmo com o pedido de liberdade formulado pelo promotor, o juiz decretou a prisão provisória. Isso provocou um desconforto muito grande na sala.

A outra vez em que vi promotor e juiz discordarem foi frente a um caso de duas mulheres peruanas também acusadas de furtar dois celulares. Elas teriam entrado em um restaurante movimentado no centro e teriam pegado dois celulares de clientes sentados em uma mesa. A promotora pediu o pagamento de fiança, mas o mesmo juiz da outra audiência decretou a prisão. Ele disse diretamente para as peruanas: "por culpa de pessoas que nem vocês é que os brasileiros estão sem emprego".

Por último, na escala de movimentação, há os defensores. Eles se deslocam muito. Levantam para falar com os presos fora da sala, retornam, sentam-se à mesa e em seguida repetem esses movimentos. Por várias vezes, os defensores reclamam de cansaço. Esse vai-e-vem, que compete apenas a eles, deixa-os de fora de algumas interações antes das audiências. Isso não significa que necessariamente haja uma inimizade entre defensores e os demais operadores, mas as oportunidades de trocas pessoais são mais reduzidas.

Há, portanto, uma divisão de poder, simbolizada por quem *vai* e quem *fica*, quem *busca* e quem *espera*. Como eu ficava dentro da sala, conseguia ouvir o juiz e o promotor conversando sobre os casos e já

---

78 Relatório do IDDD, p. 49.

sabia qual seria a decisão antes que o preso entrasse acompanhado do defensor. Era angustiante ver o esforço de alguns defensores em casos que já tinham sido decididos antes. A personalidade do defensor, então, impactava muito nesse momento. Alguns demoravam mais na entrevista pessoal e provocavam reclamações entre os juízes e os promotores, "esse aí gosta de falar, hein". Os comentários também se estendiam para a forma das defesas: "aquela doutora demora uns 5 minutos numa defesa que todo mundo sabe que vai converter, não dá pra entender".

Ao mesmo tempo, os defensores, por sua mobilidade, muitas vezes escolhiam as salas em que preferiam ficar, a depender do perfil dos juízes. Os juízes conhecidos por colocarem mais custodiados em liberdade eram os primeiros a ser escolhidos, enquanto as juízas mulheres eram sempre vistas como um problema. Essa relação entre conceder a liberdade e ser mais agradável para trabalhar era algo que aparecia no discurso dos defensores, nos corredores, enquanto que a escolha dos promotores pelas salas nas quais se sentariam se dava mais por vínculos pessoais fixos, ou seja, existia quase sempre uma repetição entre duplas de promotores e juízes.

Neste dia, o juiz chegou primeiro, me cumprimentou e se sentou. O promotor chegou em seguida, não me cumprimentou, e disse ao juiz que finalmente tinha conseguido ser transferido. O juiz perguntou por que ele havia pedido a transferência e ele disse que "estava exausto". O juiz então perguntou: "e você está feliz que vai sair então?", e o promotor respondeu: "claro, não aguento mais ver bandido fedorento, vou embora daqui".

Minutos depois o defensor chegou, atrasado.

A audiência da Luana aconteceu nesse dia de grande movimentação e foi afetada por essa agitação atípica. A presença da custodiada no corredor foi logo anunciada pelo escrevente, que disse: "tem mais um aí fora", se referindo ao fato de que Luana era transexual e aquele juiz, pela manhã, já tinha realizado uma audiência com duas pessoas transsexuais. Eu a avistei algemada no corredor, olhando para baixo, esperando o defensor. Apesar do calor, ela usava um casaco pesado que cobria quase todo o seu corpo, mas que estava aberto na parte da frente. Ela se esforçava para fechar o casaco com as algemas, mas não estava funcionando muito bem. Eles conversaram por mais ou menos uns cinco minutos.

Luana entrou na sala e se sentou. Quando ela se sentou, o casaco se abriu e foi possível ver que ela estava vestida com uma saia jeans curta e chinelos cor-de-rosa, que certamente já usava no momento em que foi presa. Seus pés estavam sujos e era possível ver algumas marcas nas pernas, além de ter o olho esquerdo roxo e o queixo inchado. Ela tinha o cabelo preso e bagunçado. Ela tentava arrumar o cabelo com o dorso da mão algemada. O juiz, então, começou a audiência.

J: Gilberto da Silva, né?

L: Isso.

J: Isso aqui é uma audiência de custódia. Você já conversou com a Defensoria? Você mora em que endereço?

L: Avenida São Luís, apto 23.

J: Você trabalha?

L: Trabalho, de cabelo. E faço programa à noite.

J: É usuário de drogas?

L: Não.

J: Nunca foi preso?

L: Não, senhor.

J: Conhecia o policial que te prendeu?

L: Não, senhor.

J: Tinha algum problema?

L: Não, levo uma semana em São Paulo só, cheguei do Pará.

J: E teve alguma irregularidade na hora da prisão?

L: Teve, porque me agrediram demais.

J: Te agrediram?

L: Nossa, tô toda roxa, até aqui na boca [mostra o olho roxo e os lábios inferiores cortados]

J: Policial militar ou policial civil?

L: Aí eu não sei, não sei se foi policial civil ou militar, não entendo... [silêncio] foi policial, foi taxista...

J: Quem que te bateu?

L: Foi policial e os taxista.

J: Você tem lesão no corpo?

L: Tenho.

J: Você conseguiu ver o nome de alguém?

L: Não porque eles me jogaram no chão, começaram a chutar minha cabeça [respira fundo, olha pra baixo, faz silêncio. O silêncio dura mais de um minuto].

J: Ministério Público?

P: Nenhuma pergunta.

J: Defesa?

D: Nenhuma pergunta.

J: Pode iniciar [se dirigindo à promotora].

P: Meritíssimo juiz, doutora defensora. Trata-se de auto de prisão em flagrante lavrado em desfavor de Gilberto da Silva, Luana, pela prática de roubo. Verifico que há indícios de autoria e também prova da materialidade delitiva, sendo certo que a vítima, Antônio Costa, em suas declarações nos autos, narrou em detalhes como se deu a prática do crime de roubo em comparsaria e também mediante o emprego de uma faca. Ao final, reconheceu o autuado, a autuada, como um dos atores do roubo em questão. Verifico que corrobora a materialidade delitiva o auto de exibição e apreensão entregue, juntado aos autos. A pena privativa de liberdade culminada aqui em questão supera 4 anos, de outra parte entendo que pela gravidade específica do crime em questão a ordem pública resulta manifestamente afrontada, motivo pelo qual, em fase de cognição sumária, os requisitos da cautelaridade se afiguram presentes, motivo pelo qual requeiro a conversão da prisão em flagrante em prisão preventiva.

D: Meritíssimo juiz, conforme narrado à vossa excelência nessa oportunidade, trata-se de indiciada que foi vítima de agressão, quando da sua apreensão. Trata-se de caso claro de tortura, motivo inclusive pelo qual houve a implantação dessas audiências de custódia. Preciso ressaltar que é pacífico o entendimento que a apreensão decorrente de tortura é caso de relaxamento do flagrante. Desta feita, requeiro seja o flagrante relaxado, tendo em vista que a indiciada, além de ter sido torturada, foi conduzida pelos próprios policiais ao distrito policial e, por consequência, há também ilegalidade no auto de prisão em flagrante. Caso não seja esse o entendimento de Vossa Excelência, preciso ressaltar que trata-se de indiciada primária, que possui residência fixa e atividade laboral. Conforme consta no boletim de ocorrência, a autuada nega veementemente os fatos. Cumpre-se ressaltar que foi agredida tanto por policiais como por populares, inclusive o taxista que supostamente a reconhece como a autora do delito praticou diversas agressões à indiciada, sendo que seu depoimento deve ser relativizado em razão desses fatos. A prisão cautelar deve ser aplicada somente caso haja necessidade imperiosa no caso concreto, o que não se faz presente. A indiciada leva sua vida por valores lícitos, jamais teve passagem pela polícia, não fazendo sentido a alegação de suposto risco à ordem pública, tampouco à presente gravidade abstrata do delito. Assim, a prisão ensejaria mais uma forma de violência à acusada que, diga-se de passagem, já foi vítima de tortura quando da sua apreensão. Tendo em vista que a prisão cautelar mostra-se excessiva, requeiro, portanto, a liberdade provisória da indiciada. Caso não seja o entendimento de Vossa Excelência, requeiro a aplicação de cautelares diversas da prisão. Importante ressaltar ainda a necessidade de a indiciada passar pelo IML, para constatação das lesões aqui relatadas. Além disso, requeiro instauração de inquérito policial para apuração da prática de tortura, bem como, caso Vossa Excelência entenda pela prisão, que a indiciada seja encaminhada a um estabelecimento feminino, já que esta é a sua identidade de gênero.

No momento em que a defensora chama a indiciada pelo nome feminino, o escrevente da sala olha para o policial militar e ambos dão risadas, discretamente. De onde eu estava sentada, conseguia ver a reação de cada um, que variava entre risos e olhares atentos ao corpo da indiciada, uma curiosidade pela forma como se vestia ou talvez pelas marcas de agressão, impossível saber. Poderia ser por ambas.

O juiz, de forma seca, diz apenas para a defensora: "Converti, doutora".

O escrevente então se levanta e entrega à Luana um papel com a decisão e pede que ela assine. A defensora começa a explicar para Luana o que aconteceu e ela, com as mãos algemadas apoiadas no rosto, chora e diz, soluçando: "mas me bateram doutora, como é que podem fazer isso comigo?". A defensora diz que tentará reverter a decisão com um *habeas corpus* e que como ela não tem passagem pela polícia, pode ser que tenha uma chance. Luana, com muita dificuldade, assina o papel, agradece à defensora e sai.

Quando o policial a retira da sala, o juiz da sala ao lado bate na parede do biombo que dá para as costas do juiz da sala em que eu estou, e grita: "isso foi interessante, hein? Liberou dois travecos que ficam roubando pessoas no centro e agora resolveu prender o último". O juiz da minha sala, um pouco constrangido, começa a rir. O promotor, também rindo, diz à defensora, em voz alta o suficiente para que todos ouçam: "acho engraçado que você usa o nome de guerra deles".

Quase em seguida, escuto o juiz que cutucou o biombo iniciar uma audiência na sala ao lado. Ele já tinha dado sinais de irritação e começa a gritar com o indiciado, que eu só conseguiria ver se fosse até a porta ao lado.

O juiz gritou algo como: "O senhor não tem vergonha não? Saiu semana passada do inferno e já está querendo voltar? Que palhaçada isso aqui. O senhor não tem condições de permanecer em sociedade. Que desperdício do meu tempo. Tanta coisa para resolver e eu fico aqui perdendo meu tempo com pessoas como você, que não respeitam a sociedade".

Um silêncio profundo se abateu sobre as duas salas. O juiz da sala em que eu estava falou baixinho para o promotor: "acho que eu deveria começar a dar uns esporros também. As vezes é isso que essas pessoas precisam".

No dia seguinte, vi no processo físico de Luana que ela havia negado a prática do crime de roubo na delegacia, mas era tudo o que estava escrito no seu depoimento. Nos depoimentos do policial e do taxista havia a mesma descrição sobre como teria sido o "ataque por arma branca pontiaguda" que teria acontecido dentro do táxi. Foi instaurado um procedimento de apuração da violência narrada no DIPO 5 e o laudo do IML dizia que ela havia sofrido "lesões de natureza leve" nas regiões do rosto, da cabeça, do pescoço, da barriga e das costas. Não foi possível descobrir para qual unidade prisional ela foi encaminhada.

5. CASO CARLA OU "A ROLETA-RUSSA"

No dia 26 de agosto de 2015, um dia chuvoso, eu estava sentada numa sala com uma juíza, uma promotora e um defensor homem. Na hora do almoço, eles saíram para almoçar e eu comecei a arrumar minhas coisas para ir também. Quando eu estava saindo, comecei a escutar a conversa entre a promotora e a juíza. Voltei atrás e me sentei de novo, queria escutá-las. A juíza disse que o curso do CNJ para a audiência de custódia foi um absurdo porque era "um bando de defensores querendo ensinar juiz a trabalhar" e que chegou "ao cúmulo" de uma defensora do Rio de Janeiro dizer que o "juiz tem que sentir o cheiro do preso".

A promotora concordou e, irritada, disse que "a custódia é a coisa mais fácil e simples do mundo" e que ela é totalmente "ideológica", porque "só escuta o lado da defesa". Ainda em tom irritado, a promotora seguiu: "onde já se viu falar que tráfico não é grave? Não fui eu que escolhi isso, foi o legislador, a culpa não é minha". Enquanto a juíza colocava seus pertences na bolsa, a promotora complementou: "não dá para ter dó de pobre, era só ir trabalhar, não tem desculpa para cometer crime". As duas, então, saíram da sala e eu, em seguida, também me retirei.

Na volta do almoço, me sentei no mesmo lugar de antes. As operadoras ainda não tinham retornado e eu fiquei conversando com a escrevente que, sempre muito simpática, me disse que não gostava de não conseguir saber se ainda estava chovendo ou se já havia parado, uma vez que nas salas de audiência não havia janelas. De fato, o Fórum da Barra Funda, que todos dizem que havia sido projetado para ser um hospital, é muito pouco iluminado. A disposição arquitetónica do fórum torna o ambiente escuro, em que a luz artificial substitui a natural e a passagem do tempo é verificada apenas pelo relógio, não pela transformação do dia. Eu pensei: "estamos todos presos aqui".

Este dia, dia 26 de agosto de 2015, ficou bem marcado na minha memória. Eu tive vontade de chorar assistindo à primeira audiência de custódia que aconteceu naquela tarde. Já estava mais acostumada às histórias tristes dos custodiados e custodiadas que ali se sentavam, mas naquele dia eu tive vontade de sair correndo. Na verdade, não era bem uma vontade de sair correndo. Era uma vontade de fazer com que aquela história que eu estava prestes a ouvir não tivesse acontecido. Era um desejo de voltar no tempo e mudar o passado, não ter deixado acontecer, ter gritado junto e impedido que tanto sofrimento afetasse a história daquela mulher.

Nessa época, eu ainda não tinha autorização para tirar cópia das mídias das audiências. Mesmo sem o documento visual, a audiência de Carla foi marcante e me volta à memória com frequência, em dias comuns, quando estou fazendo as coisas variadas. O meu relato escrito da audiência dela foi breve. O meu caderno de campo tem o nome verdadeiro de Carla, circulado diversas vezes, e apenas três linhas anotadas. Tudo o que descrevo aqui, inclusive a forma como escrevo, resultam desse impacto causado pelo que vivenciei e que causou um pouco de bagunça, de mistura, porém com uma essência do automático contrastado com o inusitado. Carla ficou assim em mim.

O protocolo da audiência foi seguido como sempre: o defensor saiu para conversar com Carla do lado de fora da sala, no corredor, enquanto a juíza, a promotora e a escrevente conversavam sobre castanhas. Eu me lembro que a juíza estava irritada com o fato de sua nutricionista ter-lhe pedido que comesse duas castanhas no período da tarde, quando era muito melhor ela comer as trufas de chocolate que a mãe da escrevente fazia e eram vendidas no fórum por dois reais. Eu estava quieta, com meu caderno no colo, observando a cena. Do lado de fora, vi que uma mulher algemada era trazida para a sala de audiência.

Carla, 23 anos, uma mulher negra, vestida com roupas masculinas, sem os cadarços nos tênis, como todos os que são apresentados para as audiências. Suas roupas largas escondiam grande parte das tatuagens que tinha, mas na canela consegui ver uma ou duas, todas com aparência de já terem sido feitas há algum tempo. Com o semblante preocupado, Carla se sentou de frente para uma juíza mulher, uma promotora mulher e um defensor homem. Respondeu às perguntas de forma protocolar, mas foi ficando ansiosa. Seus pés começaram a balançar naquele ritmo de vai-e-vem de quem quer falar e não pode.

J: Nome?

C: Carla.

J: Idade?

C: 23.

J: Onde mora?

C: Vila Guilhermina.

J: Trabalha?

C: Numa gráfica.

J: Casada?

C: Solteira.

J: Com quem mora?

C: Com uma amiga.

J: Já foi presa?

C: Não.

J: Usa drogas?

C: Uso, às vezes.

J: Foi agredida?

[Carla parou, olhou para a juíza com lágrimas nos olhos]

C: Posso falar, doutora?

J: Pode.

Como eu disse, o que Carla narrou me impediu de fazer anotações precisas. No meu caderno de campo eu tenho um resumo de uma linha do que ela disse, de modo que as falas abaixo são da minha memória desse dia. Eu estava preocupada em prestar absoluta atenção nos gestos e movimentos de Carla. A história foi ganhando um tom de dramaticidade que me impediu de desviar os olhos dela. Sua bermuda verde musgo com letras brancas, parecendo uma daquelas roupas de surfista, sua pele escura com alguns machucados na perna, pensei que talvez ela fosse mesmo surfista. Usava também uma camiseta preta estampada e as meias vinham até a canela. Cabelos presos, sem acessórios. Trazia no olhar uma mistura de raiva e tristeza.

C: Olha doutora, eu não sei nem por onde começar. Eu estava em casa, como eu disse, eu moro com uma amiga, e eu desci pra esquina pra pegar uma pizza. Quando eu tava voltando, dois policiais civis me abordaram. Me perguntaram e eu respondi tudo. Onde morava e com quem morava. Já tinha sido abordada porque na quebrada é assim que funciona. Mas eles tavam diferentes. Eles me pediram pra mostrar minha casa. Chegando na porta de casa, me empurraram pra dentro. Eu tentei não apavorar minha amiga que tava me esperando, mas eles me deram um soco no peito que eu até perdi o ar. Ela entendeu rápido o que tava acontecendo. Eles sentaram a gente na mesinha lá de casa e fizeram de tudo doutora, de tudo. Ameaçaram e até brincaram de roleta russa. Eles colocaram uma bala dentro do revólver e começaram a girar. Tentaram atirar em mim, mas duas vezes a arma falhou. Foram horas. Eles ficavam me perguntando onde tava a droga, se eu não ia falar mesmo. Comeram minha pizza, tomaram até a Coca-Cola que eu tinha comprado. Eu neguei, disse que não tinha nada, que eles já tavam lá dentro e podiam olhar quantas vezes quisessem. Ficaram mais um tempão lá falando várias coisas, me deram tapas na cara e na da minha amiga também. Usaram até a arma pra bater no meu peito. Quando decidiram que iam me levar, me entregaram pra uns PMs que estavam lá embaixo e me levaram pra delegacia. Sabe, eu não consigo entender. Os PMs chegaram na delegacia comigo meia-noite, pode ver aí no horário do flagrante do B.O., mas na verdade eles já tavam lá em casa fazia muito tempo. Não entendi por que colocaram um monte de droga que não tava lá em casa. Eu não tenho por que vender droga, eu trabalho numa gráfica, tava só indo pegar uma pizza. Essa violência toda não tem por quê. Eles nem me explicaram por que me entregaram pros PMs. Aí, agora eu tô aqui, tive que assinar o que eles escreveram na delegacia, mas não tinha droga nenhuma em casa.

J: Carla, Carla né? Você conhecia esses policiais?

C: Não, doutora.

J: E qual o motivo que eles teriam pra fazer isso com você?

C: Eu não sei, doutora. Eu não conheço eles.

J: Você sabe o nome deles pelo menos?

C: Não, não tinha nome.

J: Eles não tinham nome?

C: Quer dizer, devem ter né, mas não na hora, não tinha crachá nem nada.

J: E eles te entregaram pra Polícia Militar?

C: Sim, eram dois PMs que tavam lá embaixo, em outra rua.

J: Então os policiais civis que fizeram isso com você não são os que te levaram pra delegacia?

C: Não, foram esses outros PMs aí.

J: E não tinha droga nenhuma com você?

C: Não tinha doutora, eles me fizeram assinar o B.O. na delegacia, mas não acharam nada lá em casa.

J: Entendi... Mais alguma coisa?

C: Não sei, doutora. Tem um monte de coisa né. Eu não consigo entender por que fizeram isso. Eu sei que é violência psicológica. Isso da roleta russa eu acho que nunca vou esquecer. Não precisava ter colocado minha amiga no meio. E aí, na hora de sair da quebrada, muita gente viu. Gente que me conhece viu que tavam me levando pra delegacia, então tem testemunha, eles viram os civis me entregando pros PMs na rua de baixo.

J: Sim, ok. Doutora [se dirigindo à promotora], alguma pergunta?

P: Então você não conhecia esses policiais?

C: Não, não conhecia.

P: Por que que eles iam sair agredindo você assim? Perdendo tempo dentro da sua casa, fazendo roleta russa? Qual a necessidade disso?

C: Eu não sei! Eu não sei por que eles fizeram isso. Eles queriam droga. Me pediram droga pra deixar a gente ir embora.

P: Ah, você está dizendo que os policiais te subornaram com droga?

C: É, falaram que se eu desse a droga eles me soltavam. Mas eu não tinha nada, aí eu não entreguei e me levaram.

P: A senhora sabe das consequências do que a senhora tá dizendo? Você tá dizendo que uns policiais civis te pediram droga pra te soltar, isso é crime.

Se for aberta uma investigação e constatarem que você tá mentindo, a senhora vai responder por isso.

C: Tudo bem, pode investigar, muita gente viu eles me entregando pros PMs.

P: Te entregarem pros PMs não tem nada a ver com o que você tá relatando aqui. Isso é muito grave.

C: Mas foi o que aconteceu!

J: Ok, ok, Carla. Doutor [se dirigindo ao defensor], alguma pergunta?

D: Carla, a senhora disse que conhece pessoas que podem testemunhar o que aconteceu. Você estaria disposta a dar o nome dessas pessoas?

C: Posso dar, posso dar.

D: E a senhora teria condições de reconhecer os policiais que fizeram isso?

C: Teria. Fiquei horas olhando pra cara deles.

D: E essa sua amiga que mora com você, ela também seria testemunha?

C: Não sei, acho que sim.

D: Ok, sem mais, Excelência.

A juíza indicou, com a cabeça, que a promotora poderia começar a se manifestar.

P: Trata-se de flagrante do crime de tráfico de drogas, ocorrido ontem na região da Vila Guilhermina, por volta das 23h30 da noite. Os policiais militares relatam que avistaram a indiciada Carla vendendo drogas e, na revista pessoal, encontraram com ela porções embaladas de maconha e de cocaína, claramente destinadas à venda. O crime é hediondo e, no entender desta promotoria, a medida cabível é a conversão do flagrante em prisão provisória.

D: Excelência, a Defensoria Pública requer o relaxamento do flagrante de Carla. O relato da indiciada indica que pode se tratar de um flagrante forjado. Os policiais civis que não ficaram identificados no boletim de ocorrência praticaram diversos tipos de violência com Carla e com sua amiga, o que, por si só, já seria motivo para relaxamento do flagrante. Não bastasse o relato da indiciada, as porções que os policiais militares disseram ter encontrado com Carla não são suficientes para indicar tráfico de drogas, mas sim drogas de quantidade adequada para uso pessoal. Peço o relaxamento do flagrante pelo caso de violência narrado pela indiciada e, caso não seja esse o entendimento de Vossa Excelência, que seja concedida a liberdade provisória com medida diferente da fiança, uma vez que a indiciada é primária, não ostenta antecedentes criminais, tem trabalho, recebe de um a dois salários mínimos e possui residência fixa. Peço também a instauração do procedimento no DIPO 5.

O silêncio na sala de audiência tornou-se insuportável. Carla estava mais ansiosa, balançava as pernas cada vez mais rápido e eu estava envergonhada com a situação. As perguntas da juíza e da promotora jogaram sobre Carla a suspeita de ter inventado uma grande cena de tortura que nunca teria acontecido. Ninguém usa essa palavra, "tortura", mas eu fico olhando para Carla pensando que o sofrimento que ela viveu não pode ter outra descrição. Fico pensando se ela se arrependeu de ter contado isso, se estava com medo de ser investigada, ou se na verdade teria contado quantas vezes fosse necessário. Eu, no lugar da Carla, certamente não teria tido essa coragem.

O tom de desabafo do seu relato era facilmente perceptível pela dificuldade de respiração, quase sem nenhuma pausa, como se toda aquela fala tivesse vindo de um lugar que ela pouco conhecia, dentro dela mesma. Como eu disse, apesar de estar me acostumando com histórias tristes, a história da Carla não era somente triste – ela me causou revolta. A indiferença com que a promotora e a juíza a trataram me fizeram refletir sobre a distância entre a vida daquelas pessoas dentro da sala: experiências de mundos diferentes, separadas ainda mais pela falta de empatia demonstrada pela desconfiança no relato.

Meu pensamento foi interrompido pelo barulho da impressora.

J: Carla, você vai ficar presa.

C: [se dirigindo ao defensor] O que aconteceu? Eu contei tudo o que aconteceu, tudo o que fizeram comigo.

J: Isso a gente vai ver em outro procedimento. Pedi aqui para você fazer um exame para ver as possíveis lesões e vai ter uma investigação para isso que você disse.

C: Mas doutora, se eles fizeram isso, por que que eu tô sendo presa?

J: Carla, encontraram muita droga com você, isso é crime de tráfico.

C: Mas doutora, não encontraram nada!

O policial militar da escolta, que estava atrás de Carla, percebe o desconforto da juíza e acelera Carla para assinar a decisão. Carla, algemada, empurra o papel com o dorso da mão e fala baixo para o defensor que não acredita que aquilo que está acontecendo. O policial militar levanta Carla da cadeira e a retira da sala.

O silêncio volta a ser sepulcral. O defensor me olha, já nos conhecemos, mas não vejo nada no olhar dele. A promotora e a juíza ficam em silêncio e a escrevente pergunta: posso chamar o próximo?

Quando olhei o processo de Carla no dia seguinte, eu vi que o documento da delegacia disse que ela "preferiu permanecer em silêncio". A quantidade de droga que os policiais disseram ter encontrado em sua casa eram 250 gramas de cocaína e mais 200 gramas de maconha. No B.O., apareciam dois policiais militares responsáveis por sua prisão e nenhuma outra testemunha. Eles disseram ter avistado Carla em atitude suspeita em uma rua na Vila Guilhermina. A juíza de fato pediu a instauração de procedimento no DIPO 5 e o exame do IML que Carla realizou depois da audiência não constatou "nenhuma lesão relevante" em seu corpo.

6. CASO DANILO OU "O LAVA-JATO"

Essa juíza, diferentemente de outras, costumava fazer perguntas de forma detalhada. Por isso, suas audiências demoravam mais, algumas chegavam a 20 minutos, o que é considerado muito se comparado a juízes que levavam cerca de 3 minutos. Eu não conseguia entender a razão de tantas perguntas, já que dificilmente as respostas traziam um fim diferente que não o da conversão da prisão em flagrante em prisão provisória. Ela tinha um método diferente, que parecia dar esperanças à pessoa custodiada, deixando-a falar e perguntando-lhe inúmeros detalhes.

As diferentes formas de exercer autoridade, por parte de juízes e juízas, ficavam evidente quando se transitava entre as seis salas de audiência. Seus perfis resultavam em audiências completamente distintas, com perguntas mais ou menos específicas que provocavam também reações diferentes na pessoa custodiada. Essa juíza não só chamava a pessoa pelo nome, como a olhava nos olhos e parecia se interessar, em certa medida, pela sua condição. Mantinha uma relação profissional, porém distante dos membros do Ministério Público e da Defensoria. Sua forma de exercer autoridade na condução da audiência era evidente quando ela iniciava a audiência se apresentando e apresentando todos os presentes na sala. Ela dizia os nomes e as funções de cada um e explicava o que estavam fazendo ali. Esse cuidado em ambientar a pessoa, muitas vezes já levava o tempo que levaria uma audiência inteira em uma sala ao lado.

Isso me levantava várias questões sobre a importância de ser escutado. Essa oportunidade de falar, que acontecia nas audiências dessa juíza, produziria quais sentimentos diferentes nas pessoas custodiadas? Como eu não tive a oportunidade de conversar com essas pessoas, não posso afirmar quais eram exatamente esses sentimentos, mas pude sentir que as reações e emoções que elas se permitiam expressar variavam.

As audiências dessa juíza eram transbordadas por cenas de choros e de relatos comoventes sobre a situação socioeconômica da pessoa presa. A juíza chegava a perguntar questões de saúde que podiam ser respondidas com um breve "não tenho nada" ou com relatos mais longos sobre tuberculose, gripe, alergias, problemas de pele, asma, bronquite e outras doenças. As perguntas sobre saúde também podiam ser estendidas aos familiares próximos e, em alguns casos, as pessoas contavam com detalhes como era a saúde dos filhos ou dos pais idosos.

Da mesma forma que as falas das pessoas custodiadas, durante as audiências, acompanhavam a receptividade da juíza, as reações frente às suas decisões também eram muito intensas, afinal, a pessoa havia passado cerca de dez minutos relatando suas condições pessoais e de vida e, ao final, recebia um "balde de água fria" quando a juíza dizia que a manteria presa. Todos os argumentos dados, as considerações feitas, pareciam ser insuficientes para que aquela pessoa "merecesse" a liberdade. Eram comuns expressões de indignação. Frases como, "mas doutora, eu te expliquei a minha vida" ou "doutora, eu não acredito que a senhora vai me deixar preso" eram mais comuns para essa juíza do que para outras em que não haviam elaborado tantas perguntas.

Depois de alguns meses acompanhando essa juíza, eu percebia que os crimes que ela considerava "extremamente graves" teriam a decisão de conversão do flagrante em prisão provisória, independente do que fosse dito durante a audiência. Mas é como se fosse um jogo armado em que todos os presentes na sala soubessem as regras e o resultado, menos a pessoa presa. Nas falas, eu via a esperança da pessoa crescendo à medida que ela contava o que tinha acontecido; a pessoa se dava a liberdade de contar até o que não lhe havia sido perguntado, porque ninguém a interrompia. Permitia-se expressar emoções, chorar e reclamar da atuação da polícia. Mas todos ali sabíamos que se o crime era de tráfico de drogas, por exemplo, não adiantava todo aquele desabafo. A promotora, o defensor, a escrevente e eu, todos já sabíamos que aquela pessoa permaneceria presa. Mas ela não sabia e ia até o fim, até mais ou menos vinte minutos, quando a juíza fazia uns momentos de silêncio antes de dizer, com muita calma, olhando nos olhos: "Senhor [nome], eu decidi que vou manter o senhor preso. O crime que o senhor praticou é extremamente grave. O senhor fique à vontade para falar com o seu defensor para tentar reverter minha decisão".

A audiência do Danilo levou cerca de 14 minutos. A gravação em vídeo, que eu usei para transcrever esse caso, tem 10´03´´. A gravação não inclui a parte em que a juíza deu a decisão de que ele continuaria preso. Assim como todas as outras audiências, a gravação se inicia com a primeira pergunta da juíza e se encerra com o pedido da defesa, mas não inclui a decisão. A câmera ficou o tempo todo posicionada para o rosto dele, de forma focada e em alguns momentos é difícil ouvir o que ele diz, porque o barulho na sala está alto demais, o telefone também toca algumas vezes.

Danilo estava agitado, era possível perceber, pela forma com que movimentava sua boca sem parar, que estava muito nervoso com a situação. Ao que parecia ser um tique nervoso, Danilo esticava e relaxava a boca. Conforme a juíza foi se irritando com suas respostas, esse tique se aguçou, ele passou a ficar ofegante e a aumentar o ritmo em que mexia os lábios, revelando seu aparelho de dentes. A juíza, diversas vezes, levantou a voz para Danilo e o interrompeu. Principalmente quanto ao relato de violência verbal que ele tentou narrar, ela não o deixou completar as frases, interrompendo-o a todo momento com perguntas. Ela chegou a levantar a voz para ele algumas vezes e a fazer perguntas em tom irritado.

J: Nome do senhor.

D: Danilo.

J: Danilo de quê?

D: Danilo Barbosa de Jesus.

J: Senhor Danilo, meu nome é J eu sou juíza de Direito. O senhor tá na presença da promotora, doutora P, e do defensor público, doutor D, com quem o senhor se entrevistou aqui antes dessa audiência. Vou fazer algumas perguntas pro senhor, porque preciso verificar se a sua prisão foi regular e se o senhor vai responder a essa investigação de tráfico de drogas que foi iniciada em face do senhor, preso ou em liberdade. Vou fazer algumas perguntas, mas o senhor não está obrigado a responder nenhuma delas se o senhor não desejar, o senhor entendeu?

D: [concorda com a cabeça]

J: Senhor Danilo, o senhor tem quantos anos?

D: Tenho 19.

J: O senhor é casado, solteiro?

D: Não, moro com uma menina com quem tenho um filho meu, já, ela tá com um mês já de gravidez, já.

J: Entendi. O senhor tem um filho e ela ainda está grávida ou- [telefone toca]

D: Não, não, ela ainda tá grávida.

J: Não nasceu a criança ainda?

D: [faz que não com a cabeça]

J: Tá ok. Senhor Danilo, o senhor estuda, o senhor trabalha, que que o senhor faz?

D: Tava trabalhando com meu pai antes de vir pra cá- Tava trabalhando de vez em quando nesse lava-rápido, de final de semana.

J: Sei.

D: Fazendo uns bicos-

J: Quanto o senhor tava tirando?

D: No lava-rápido? Por dia?

J: É.

D: Num dia... Assim num dia de trabalho... Em um dia-

J: Quanto dava por mês, senhor Danilo?

D: Ah senhora, assim, por quantidade assim não dava por mês, não sei não senhora, porque eu ajudava mais em casa senhora, comprava umas mistura... E tal...

J: Entendeu- Entendi.

D: Eu ganhava em torno de um dia assim, eu ganhava vinte real... Com a lavagem dos carro... Até fechar o lava-rápido.

J: Como chama o lava-rápido?

D: O lava-rápido? Eu esqueci o nome, senhora, porque eu ajudava lá-

J: Não sabe o nome do lava-rápido em que o senhor trabalha, senhor Danilo?

D: [silêncio] [Danilo estica a boca]

J: Como chama o dono do lava-jato?

D: Ah senhora, era uma mulher, senhora...

J: O senhor não sabe me dizer também?

D: Não, senhora. Mas eu trabalhava lá senhora-

J: Tá ok.

D: Porque às vezes precisava de uns menino lá pra ajudar, de ajudante, aí eu ia lá pra ajudar.

J: Entendi. Onde o senhor mora, senhor Danilo?

D: [silêncio longo] Na Avenida Pereira Santos.

J: Qual o número e o bairro?

D: Bairro Parque Jandira... [silêncio].

J: E o número?

D: Assim número a senhora fala, como assim, senhora?

J: Toda casa tem um número, senhor Danilo.

D: Ah, um número...

J: Da casa.

D: 610.

J: Tá. Nessa casa mora quem com o senhor?

D: Mora meu pai, minha mãe e meus irmão [Danilo estica a boca]

J: Essa casa é alugada, é do senhor?

D: Não senhora, é do meu pai. [Danilo estica a boca]

J: Do pai do senhor. Ahn... Senhor Danilo, o senhor tem problema com uso de droga?

D: Senhora... Eu tava usando umas droga, sim. [Danilo estica a boca]

J: Usando o que?

D: Eu uso assim mais tipo farinha, senhora.

J: Cocaína?

D: É, senhora.

J: E quanto que o senhor gasta com droga por semana?

D: Ah senhora, não gasto assim, de vez em quando eu tinha um dinheirinho assim eu comprava, mas não mexia com droga, senhora, gastava mais em casa assim, com minha sogra, comprava umas mistura, comprava carne-

J: Tá, já entendi. Além da cocaína, o que que o senhor usa?

D: Ah, não, só cocaína.

J: Só cocaína?

D: É... Fumava maconha às vezes. É que-

J: O senhor já foi internado alguma vez por conta do uso de droga?

D: [silêncio] não, senhora... Já..., mas é que-

J: Sim ou não, senhor Danilo?

D: Não, então, assim, internado por causa de droga?

J: Por conta da dependência. Ou o senhor não é dependente químico?

D: Não [Danilo estica a boca]

J: Não?

D: [silêncio]

J: O senhor tem problema com uso de álcool também, senhor Danilo?

D: Tenho, tenho um...

J: O senhor é alcoólatra? É isso que eu quero saber.

D: Sou, sou... [silêncio]

J: Quanto que o senhor bebe?

D: Ah, eu bebo, assim senhora, umas garrafas de Smirnoff, energético... Final de semana assim... Às vezes só... Não é toda vez que eu tenho, porque eu penso mais na família, em casa, senhora...

J: Entendi. Senhor Danilo, o senhor tem alguma doença grave?

D: Doença não, senhora [Danilo estica a boca]

J: Toma algum medicamento de uso controlado?

D: Não, senhora.

J: O senhor já teve problemas anteriores com a polícia ou com a justiça, senhor Danilo?

D: Eu já tive muito problema quando era de menor, senhora, mas depois limpou tudo.

J: O que que aconteceu quando o senhor era menor de idade?

D: Quando eu era menor de idade, senhora, eu não [telefone toca] eu já roubei uma vez, senhora, e-

J: E foi internado na Fundação Casa?

D: Fiquei, eu saí-

J: Quanto tempo?

D: Uns nove meses, mas aí eu saí... [Danilo estica a boca]

J: Nove meses... [silêncio] Fora esse roubo, o que mais, senhor Danilo?

D: Só isso, senhora. Fiquei trabalhando com meu pai, porque ele pediu pra eu ir trabalhar com ele-

J: Já entendi, senhor Danilo. Com relação aos policiais que efetuaram a prisão em flagrante do senhor, o senhor conhecia algum desses policiais de outras abordagens?

D: [Danilo estica a boca] ah, senhora, esses policiais que me deram abordagem, senhora, eles já me abordaram lá perto da minha casa-

J: O senhor tem alguma coisa contra esses policiais ou esses policiais têm algo contra o senhor, que o senhor tenha conhecimento?

D: Olha senhora, eu não sei o que eles tem contra mim, senhora, fizeram até falar com a minha mãe, senhora, que iam me prender, falaram na frente da minha mãe que iam me matar, tiraram até foto da minha cara-

J: Policiais civis ou militares, senhor Danilo?

D: [Danilo estica a boca] Militares, senhora.

J: O senhor sabe o nome deles?

D: Não, senhora. Mas minha mãe-

J: O senhor poderia reconhecer esses policiais?

D: Reconheço um, senhora.

J: Um deles?

D: É, senhora [Danilo estica a boca]

J: Senhor Danilo, esses policiais agrediram o senhor ou ameaçaram o senhor em algum momento?

D: Já, senhora, até na frente-

J: Já não, senhor Danilo, na data de ontem, quando o senhor foi preso, é essa minha pergunta. Ontem eles agrediram o senhor ou ameaçaram o senhor?

D: [Danilo estica a boca, começa a ficar ofegante] me agrediram, senhora. Me agrediram-

J: É, aonde?

D: Eles até falaram assim-

J: Aonde, senhor Danilo?

D: Lá na rua, senhora-

J: Que partes do corpo do senhor? É isso que eu quero saber.

D: Um soco aqui assim, senhora [indica o peitoral]

J: O senhor ficou com alguma marca?

D: [Danilo estica a boca] não, senhora, não fiquei com marca não, senhora.

J: Não? Além do soco no peito do senhor, o que mais?

D: Só isso, senhora. Ah, uns tapa na "oreia" só, senhora-

J: Só?

D: Só que teve uma vez-

J: Esses policiais foram os que levaram o senhor do local da abordagem até a delegacia?

D: [Danilo estica a boca] foi senhora.

J: O senhor sabe me dizer o número da viatura?

D: [Danilo estica a boca, respirando com dificuldade] não, senhora-

J: Que carro que era que o senhor entrou?

D: Ah senhora, eu não-

J: Que carro que foi que o senhor entrou?

D: [Danilo estica a boca] ah... Era uma blazer, senhora.

J: Blazer... [silêncio]

D: Então, o meu pior problema, senhora, foi por causa da minha mãe, porque ela toma um remédio, uns negócio, senhora, e tirou foto na frente da minha mãe assim, falou na frente da minha mãe que iam me matar, senhora...

J: Sei... Entendi... E isso foi na data ontem ou foi numa outra oportunidade?

D: Mas foi numa vez passada, que ele me pegou-

J: O senhor foi na polícia ou na corregedoria da polícia reclamar dos policiais?

D: Não, senhora, não fui-

J: E por que não, senhor Danilo?

D: Ah, porque o pessoal que tava comigo falou que não, fiquei com medo de acontecer alguma coisa comigo, senhora.

J: Entendi. Senhor Danilo-

D: Aí quando eles-

J: Senhor Danilo! Na delegacia de polícia- Do local da abordagem o senhor foi levado diretamente para a delegacia de polícia?

D: [concorda com a cabeça] [Danilo estica a boca]

J: Foi? Lá na delegacia, esses mesmos policiais que agrediram o senhor no local, foram os que levaram o senhor pra delegacia?

D: [concorda com a cabeça] [Danilo estica a boca]

J: Foram? Tá. Na delegacia, alguém ouviu o senhor, foi colhida a sua versão sobre os fatos?

D: Não, não perguntaram não, senhora. Só me levaram por crime de delito. Perguntaram se tava com alguma marca... Não tava com nenhuma marca... [faz que não com a cabeça] [Danilo estica a boca]

J: Lá na delegacia constou que o senhor teria preferido ficar calado. O senhor não teria querido conversar com o delegado. É isso ou-

D: Não senhora-

J: Ou ninguém conversou com o senhor?

D: Não, ninguém conversou comigo não, senhora.

J: Hum, entendi.

D: Só me fizeram assinar os papel lá, falaram que se não assinar iam bater em mim, aí eu teve que assinar o papel, com medo de apanhar. E nem me chamaram pra conversar pra perguntar o que aconteceu.

J: Lá na delegacia, o senhor- então o senhor disse que sofreu- novamente foi agredido, é isso, senhor Danilo?

D: Na delegacia não, senhora. Fui agredido na rua, senhora.

J: Na rua? Na delegacia ninguém agrediu o senhor.

D: Não-

J: Mas ameaçaram o senhor não assinasse? Que ia apanhar?

D: É, ameaçaram [Danilo estica a boca]

J: Quem foram as pessoas que ameaçaram o senhor na delegacia?

D: Ah, eu não sei os nomes dos policiais-

J: Mas eram funcionários da delegacia ou-

D: Eram da delegacia, senhora, eles-

J: Entendi. Com relação a esse tráfico de drogas que tá sendo atribuído ao senhor aqui, senhor Danilo, o senhor quer falar alguma coisa aqui na minha presença ou o senhor deseja permanecer calado?

D: Permanecer calado, senhora [Danilo estica a boca]

J: Doutora P, algum esclarecimento?

P: [nega com a cabeça]

J: Doutor D, algum esclarecimento?

D: Não, doutora.

J: Por gentileza, doutora P [passando a palavra para a promotora]

P: Doutora juíza, senhor defensor. Trata-se de auto de prisão em flagrante em desfavor de Danilo Barbosa de Jesus, indiciado pela prática do delito do Art. 33, caput, da Lei 11.343 de 2006. O flagrante encontra-se formalmente em ordem. No dia 07 de outubro de 2015, o indiciado foi avistado por policiais militares conversando com um adolescente [inaudível], conhecido como do tráfico de droga. Ele pareceu ocultar alguma coisa. Os policiais então decidiram efetuar a abordagem e, em revista, verificou-se que o adolescente João levava consigo as porções de droga, sendo: 77 invólucros de cocaína, 96 invólucros de crack, 128 invólucros de maconha, 155 embalagens contendo líquido semelhante ao lança-perfume e com indiciado foi encontrada a quantia de 440 reais em dinheiro, em notas miúdas. A materialidade está comprovada pelo laudo de exibição e apreensão, como pode constar nesse auto provisório. Há indícios de autoria em razão das declarações dos policiais, que efetuaram a prisão, e que devem ser prestigiados nesta fase. A quantidade e a diversidade de drogas, o dinheiro apreendido e as circunstâncias da prisão revelam a mercancia ilícita. Assim, entendo preenchidos os requisitos para a conversão da prisão em flagrante em prisão preventiva, uma vez que as medidas cautelares alternativas à prisão mostram-se insuficientes, inadequadas e desproporcionais à gravidade do delito praticado. Para salvaguardar a ordem pública, diante da gravidade do delito, que fomenta a prática de outros crimes e do aumento da criminalidade em geral, também a fim de evitar a reiteração criminosa. O indiciado também, para assegurar a aplicação da lei penal, uma vez que o indiciado não comprovou residência fixa e nem ocupação lítica. Requeiro, ainda, que sejam apurados os relatos de agressão por ele sofridos.

J: Pois não, senhor D.

D: Em que pese os argumentos da promotora, a Defensoria Pública requer seja o indiciado Danilo Barbosa de Jesus, colocado em liberdade, para que assim responda o processo. É um jovem primário, acusado de estar ao lado do adolescente, com dinheiro- perdão, o adolescente portava as drogas, ele estaria ao lado portando dinheiro, nenhuma droga em seu poder. Não há nenhuma outra pessoa- nenhuma testemunha civil foi ouvida, que comprovasse que ambos estavam no exercício da traficância. Além disso, o indiciado possui endereço fixo, na Avenida Pereira Santos, número 610, e lá poderá ser facilmente encontrado, caso necessário, para prisão, se assim não- não comparecer aos atos do processo. Em relação às circunstâncias pessoais, possui- certamente fará jus, se processado e condenado, ao tráfico privilegiado, o que torna uma prisão preventiva absolutamente desproporcional ao próprio delito a que está sendo acusado. Sendo assim, diante de todos esses elementos, a defesa requer pela liberdade do indiciado, cumulado com outras medidas cautelares de comparecimento em juízo, sempre que necessário.

O vídeo da audiência se encerra no momento que o defensor para de falar. Na imagem congelada, Danilo está olhando para baixo. A juíza ainda leva alguns minutos digitando. Há um longo silêncio na sala. Muito calmamente e de forma educada, a juíza diz, conforme anotei no meu caderno de campo:

> **J:** Danilo, você ouviu a promotora de justiça que pediu a sua prisão e o defensor público que fez sua defesa. Eu entendo que o crime de tráfico de drogas é um crime extremamente grave, que assola a nossa sociedade. Várias vezes por dia vemos o prejuízo que as drogas trazem para nossos jovens e para nossos adultos, de forma que eu não posso ignorar a gravidade do que está sendo imputado ao senhor. Quanto aos seus relatos sobre a conduta dos policiais, vou encaminhar o senhor para fazer um exame do IML, a fim de constatar a prática de violência policial. O senhor pode tirar suas dúvidas com o seu defensor público, que poderá recorrer dessa minha decisão, mas por ora eu determino que o senhor aguarde seu julgamento preso.

Danilo olha para o defensor, mas não parece exatamente precisar de uma explicação. O clima de irritação da juíza parecia já ter deixado claro que Danilo foi "perdendo suas chances" conforme a audiência foi se estendendo. O defensor pede que ele forneça o telefone de alguém para comunicar a família e o Danilo passa um telefone que ele se lembra, mas não diz de quem seria o número. O policial militar encosta a mão no ombro dele e, sem dizer nada, ele se levanta e sai da sala.

O auto de prisão em flagrante que consultei no dia seguinte tinha uma cópia do exame do IML feito em Danilo, após a audiência. O laudo constava não haver nenhuma lesão relevante. Nos depoimentos dos policiais que realizaram a abordagem, eles disseram que Danilo fora abordado em um lugar conhecido por ser um ponto de tráfico de drogas da região e que estava "em atitude suspeita, na companhia do adolescente". Havia a descrição de uma grande quantidade de droga encontrada com o adolescente e, com ele, notas miúdas de dinheiro. Relevante dizer que os depoimentos dos dois policiais militares são iguais e ambos tinham apenas quatro linhas, sem fundamentação, seja da atribuída "atitude suspeita", seja de qual seria a conduta que os dois abordados estariam praticando tráfico de drogas.

Essa audiência parece representar uma situação de embate entre uma juíza inquisitória e um custodiado acuado. Logo no começo, a falta de memória de Danilo para o nome do lava-jato em que trabalhava já instala um clima de desconfiança que não é desfeito ao longo da audiência, pelo contrário, vai se intensificando. Aqui vale uma explicação: no campo, por diversas vezes, os juízes comentavam entre si que algumas pessoas presas por tráfico de drogas eram indicadas pela defesa a mentirem sobre trabalharem em um lava-jato. Os defensores nunca confirmaram essa teoria para mim. Depois de alguns meses, dizer que trabalhava em um lava-jato era automaticamente entendido pelos juízes como admitir o tráfico. Por isso, quando Danilo não se lembrou o nome do lava-jato ou o nome do dono, a juíza "confirmou" sua teoria de que ele estava traficando.

Quando Danilo começou a ficar ofegante, visivelmente nervoso, a tensão na sala de audiência aumentou. Os tiques da boca dele se intensificaram, de forma quase cômica, porque parecia que ele estava rindo da situação, esticando e relaxando os lábios. Todo o quase-relato dele de violência é picotado, entrecortado pelas perguntas da juíza que não queria ouvir – ela queria as respostas dela, não o que ele tinha a contar. Ela ironicamente diz que "entendeu" que ele teria sido ameaçado, mas chega a perguntar se ele teria levado sua queixa de violência à Corregedoria de Polícia, invalidando a versão do custodiado porque ele não teria feito nada na época para investigar essa violência. Por trás de uma linguagem educada e aparentemente respeitosa, a ironia e a desconfiança da juíza foram capazes de deixar todos na sala desconfortáveis, principalmente Danilo.

CAPÍTULO IV
QUEM É VÍTIMA

Proponho neste capítulo a análise de alguns elementos que observei durante meu trabalho de campo. Importante ressaltar que não se trata de categorias estanques e irrefutáveis, porém formas de pensar a interação entre os operadores de justiça e os custodiados, tanto a partir dos casos que relatei no capítulo anterior, quanto pelas diversas referências bibliográficas pertinentes. A forma como pretendo descrever as categorias se assemelha ao método utilizado por Maria Filomena Gregori, no livro *Cenas e queixas: um estudo sobre mulheres, relações violentas e a prática feminista* (1993), em que ela narra violências domésticas através das entrevistas que realizou com as mulheres do centro de atendimento, intercalando interpretações e as falas das entrevistadas.

1.   ESCUTA SELETIVA

O documento disponível aos operadores no momento da audiência de custódia é o auto de prisão em flagrante. Ele compõe o inquérito policial, que instruirá o processo penal, como explicado no item 2 do capítulo I. Kant de Lima explica que o inquérito policial no Brasil é "misto" e único, porque reúne as atividades de investigação e formação da culpa, as quais, em outros países, são separadas (Kant de Lima, 2010). Nos casos de crimes comuns, o inquérito é enviado ao Ministério Público, que decide se formalizará uma denúncia criminal ou não. Nos casos de crimes em flagrante, o juiz recebe primeiro o auto de prisão em flagrante para decidir quanto à prisão provisória, mas o inquérito ainda será o conjunto de documentos que instruirá o restante do processo penal.

O que se observou no caso das audiências de custódia é a prevalência da versão apresentada pela polícia, não só por ser o documento disponível na prisão em flagrante, mas por uma presunção de veracidade, mesmo quando não há uma descrição detalhada. Conforme descrito por Maria Gorete Marques, quando relatou o panorama da construção da verdade jurídica nos casos de tráfico de drogas, a própria credibilidade do trabalho da polícia é o que sustenta o trabalho dos operadores do sistema de justiça criminal porque, caso fossem questionar a produção do inquérito policial, também teriam de questionar todas as outras decisões já tomadas com base nele (Jesus, 2016).

Além da fé pública da função policial, que em textos jurídicos é usada como justificativa para o privilégio dado ao que é narrado pelo policial, há uma questão moral fortemente envolvida. Qual palavra tem *valor*? Isso depende de um clima de desconfiança da palavra do custodiado e da defesa, que, desde o começo, já são palavras hierarquicamente inferiores, se comparadas às dos policiais. Mesmo que o caso tenha sido apresentado com ampla generalidade, descrevendo fatos que poderiam ser atribuídos a qualquer pessoa e, muitas vezes, sem indicar especificamente a atitude criminosa, a narrativa atribuída aos policiais costuma ser, por si só, suficiente para embasar a prisão provisória.

O caso do Danilo, ou o "caso do lava-jato", nos traz elementos para refletirmos sobre qual a necessidade de especificação da conduta que um auto de prisão precisa ter, a fim de indicar a traficância. Segundo o relato dos policiais militares que realizaram a abordagem, Danilo estava "parado ao lado do adolescente" que carregava consigo uma quantidade considerável de drogas. Nas palavras da promotora em audiência:

> P: Os policiais então decidiram efetuar a abordagem e, em revista, verificou-se que o adolescente João levava consigo as porções de droga, sendo: 77 invólucros de cocaína, 96 invólucros de crack, 128 invólucros de maconha, 155 embalagens contendo líquido semelhante ao lança-perfume e com indiciado foi encontrada a quantia de 440 reais em dinheiro, em notas miúdas.

No caso específico, de tráfico de drogas, o que é mais interessante é que a narrativa dos policiais no boletim de ocorrência não menciona em nenhum momento qualquer um dos verbos mencionados no Art. 31 na Lei 11.343 (Lei de Drogas), que são o que legalmente se constituiria como crime de tráfico de drogas:

Art. 31. É indispensável a licença prévia da autoridade competente para produzir, extrair, fabricar, transformar, preparar, possuir, manter em depósito, importar, exportar, reexportar, remeter, transportar, expor, oferecer, vender, comprar, trocar, ceder ou adquirir, para qualquer fim, drogas ou matéria-prima destinada à sua preparação, observadas as demais exigências legais.

Nas quatro linhas em que os policiais descreveram como foi o flagrante, Danilo estava apenas *acompanhado do adolescente* que portava drogas. Ainda que partíssemos do pressuposto que o boletim de ocorrência esteja narrando apenas fatos verdadeiros, essa narrativa não implicaria em um cometimento de crime de tráfico. Indo mais além e pensando que o inquérito policial é de elaboração exclusiva e unilateral da Polícia Civil, não haveria motivos para que a própria autoridade policial narrasse uma situação que não fosse considerada crime. O que parece acontecer, portanto, é uma confiança por parte da polícia de que um relato breve e genérico já é suficiente para caracterizar o crime de tráfico, sem a necessidade de elaboração, seja dos fatos, seja de outras provas mais substantivas, como o depoimento de outras testemunhas.

O elemento que caracteriza a atitude criminosa, se não é a existência de um relato consistente sobre os fatos, é a utilização do termo "atitude suspeita", o que não é um caso isolado, mas uma prática comum na forma com que a Polícia Militar descreve casos de flagrante de tráfico de drogas, conforme relatório produzido pelo Núcleo de Estudos da Violência da USP indicou (Jesus et al, 2011, p. 98):

> Segundo os policiais militares a atitude suspeita é um dos principais fatores para se realizar a abordagem, sendo possível identificá-la por meio da experiência adquirida em anos de trabalho ostensivo. No entanto, nos depoimentos presentes nas duas ocorrências tal denominação é descrita de forma genérica, sem referência a qualquer tipo de indício que o comprove, nos autos apenas se descreve que estavam nervosos ou preocupados.

A "atitude suspeita" de Danilo não aparece detalhada, mas é suficiente para que o juiz considere que deve haver motivos para que os policiais tenham feito essa abordagem e que ela estaria correta. Esse primeiro filtro da polícia, direcionado para jovens negros de periferia, principalmente em uma política de combate às drogas (Ramos & Musumeci, 2005), dispensa perguntas que busquem outras características. No sentido supracitado de Mariza Corrêa, os policiais seriam os primeiros manipuladores técnicos que transformam uma narrativa comum em uma linguagem jurídica e a "preparam" para a apreciação do Poder Judiciário.

Sendo a polícia, então, a primeira instituição que seleciona as pessoas que são levadas às audiências de custódia e que também já prepara a linguagem adequada, é ela que exerce o controle social da ponta, atuando como repressora de condutas, seja de forma moral, seja ao levar uma situação concreta para dentro do sistema (Paixão & Beato, 1997, p. 246). Portanto, é o documento do inquérito policial que reúne um "paradoxo de direitos": ele é produto de uma atividade policial que categoriza e que cria um material para uma futura acusação, mas, ao mesmo tempo, deve ser reavaliado por um juiz, a ponto de que as informações ali presentes possam ser relativizadas (Amorim, Kant de Lima & Mendes, 2005).

Essa proeminência do inquérito policial acompanha todo o processo penal, sendo muitas vezes o único documento sobre o qual todo o processo será discutido (Vargas & Rodrigues, 2010, p. 3):

> Nele [inquérito policial], constrói-se, assim, uma versão oficial do fato, traduzida para a linguagem jurídica, que irá acompanhar o processo, servindo de base não apenas para a denúncia, mas para todo o processamento subsequente, tornando-se, frequentemente, objeto de referência dos operadores durante a fase judicial: embasando decisões ou sendo contestado em razão dos meios ilícitos empregados na sua realização Desse modo, o inquérito possibilitaria uma junção frouxa das atividades empreendidas na polícia, bem como da organização policial com as outras organizações do sistema de justiça criminal (Lima, 1989).

Assim, a presunção de veracidade do que está descrito no boletim de ocorrência ganha dimensões inquisitoriais em uma audiência de custódia e a pessoa custodiada tem um "roteiro" de defesa. A pessoa custodiada deve responder exatamente tudo o que foi perguntado pelo juiz, sem poder entrar no mérito dos fatos, já que o Provimento número 03 de 2015, que institui essas audiências, proíbe que os fatos sejam nelas tratados: "Artigo 6o, §1o Não serão feitas ou admitidas perguntas que antecipem instrução própria de eventual processo de conhecimento".

É claro que a audiência, por se dar no máximo em 24 horas após o flagrante, só poderia contar com o documento produzido pela autoridade policial, mas o que pode ser refletido é com quais argumentos, diante de poucos elementos, os operadores do sistema de justiça criminal justificam suas posições em relação à necessidade da prisão provisória.

Nos autos do processo da Luana, ou o "caso da mulher trans", houve confronto entre versões diferentes da história. De um lado, o policial que realizou a abordagem e o taxista que teria sido vítima do roubo narraram o momento em que Luana, a princípio, tentou agredir o taxista depois de ter feito um programa sexual com ele. Os textos eram muito parecidos, principalmente nas palavras utilizadas para descrever a atitude de Luana, como, por exemplo, "portando uma arma branca pontiaguda" para indicar a faca que ela teria usado. Do outro lado, além dos jargões policiais que normalmente constam nesses documentos, é significativo que, a respeito de um caso que parecia complexo, envolvendo luta corporal, no depoimento de Luana, na delegacia, consta apenas que ela teria negado a prática do crime.

Quase como em uma situação de "dois contra um", o peso da agressão física contra Luana desaparece pelo contraste das versões da prática do roubo em si. Se não há versões da história a serem construídas e debatidas, a ocorrência da violência sequer entra em questão, pois não há *o que* ser debatido. Na audiência, a defesa alega que o relato da prática de violência policial contra Luana deveria ser suficiente para o relaxamento da prisão, porém a construção da versão da polícia e da vítima do roubo já foram suficientes, segundo a decisão de conversão da prisão em flagrante em provisória.

Sergio Adorno, no texto *Crime, justiça penal e igualdade jurídica*, propõe uma revisão de alguns pressupostos de que a justiça se faria pela presunção de igualdade entre as partes, o que não acontece em sociedades como a brasileira (Adorno, 1994). Para o autor, há a construção de uma trajetória biográfica que precisa de poucos elementos fáticos para ser rapidamente constituída em um juízo criminal: algumas poucas informações sobre a vida da pessoa já são suficientes para caracterizar o sujeito criminoso que é alvo do controle do Estado (idem).

O que mais é central nas audiências, portanto, não são os fatos narrados, mas a *pessoa* que está sendo julgada. A audiência deixa de ser uma verificação do fato ocorrido e passa a ser um julgamento moral de quem é aquele sujeito sentado à frente do juiz. As perguntas feitas são verificações de perguntas já feitas na delegacia: "qual é o seu nome?", "quantos anos você tem?", "onde você mora?", "tem trabalho?", "qual seu endereço?". Essas informações, que já constam no inquérito policial presente na mesa do juiz, são capazes de montar um perfil biográfico suficiente para a atividade a ser desempenhada e definir se aquela pessoa deve permanecer presa ou não.

A percepção de que seria possível falar de ilegalidades cometidas no momento do flagrante sem entrar no mérito do crime ainda é passível de discussão[79], mas os operadores das audiências tomam suas atitudes de forma a não necessariamente se posicionar nessa discussão, mas para simplesmente justificar que "depende do contexto". Na prática, ou é o próprio juiz que pergunta o que aconteceu, ou é ele quem pode autorizar que o Ministério Público ou a defesa perguntem: fica à critério do juiz.

A complexidade e a profundidade da narrativa que o caso pode atingir em audiência são muito diversas. Cada juiz lida com essa questão de uma maneira, pois há aqueles que jamais fazem ou permitem perguntas sobre o mérito e há aqueles que sempre perguntam, ainda que depois não deixem registrado o que foi narrado.

Novamente em referência ao caso de Luana, a personalidade do juiz que conduziu a audiência impactou de maneira significativa o não-aprofundamento da situação fática que teria levado ao flagrante: outros juízes teriam dado mais abertura para uma discussão do mérito da prisão, com perguntas mais específicas sobre o que teria acontecido para a caracterização do roubo; outros, em contrapartida, poderiam ter interrompido a audiência antes que ela tivesse tempo de explicar as agressões que sofreu, tornando-a mais rápida.

Essa diferença de postura entre os juízes provoca uma insegurança jurídica que é sentida pelos números discrepantes de aprisionamento a depender do juiz, o que depois é separado em categorias como "juízes garantistas" ou "juízes linha dura", utilizadas pelos escreventes das audiências, que são os funcionários responsáveis por fazer o serviço operacional, como gravar os CDs, peticionar os encaminhamentos e avisar a Polícia Militar da escolta. Eles são contratados por uma empresa que presta serviços para o Tribunal de Justiça de São Paulo, como descrito no capítulo II, mas não são formados em Direito e por isso suas categorias nativas me interessam: são interpretações de "leigos", mas que

---

79 Como as audiências de custódia são um instituto jurídico novo, baseado na Convenção Interamericana de Direitos Humanos, ainda não há uma discussão doutrinária brasileira sobre os limites entre o mérito e a legalidade do flagrante. O que se pode dizer é que, do ponto de vista antropológico, essa construção é feita na prática cotidiana dos operadores que utilizam essa distinção, ora para defender que o caso não precisa ser aprofundado, porque isso será discutido no decorrer do processo penal, ora como instrumento de defesa, para fundamentar o pedido de liberdade.

revelam percepções de condutas do campo, por interagirem com a linguagem jurídica e com as medidas da audiência de custódia.

O que parece importante destacar na discussão sobre a abertura para relatos de violência é como a condução da audiência pode vir carregada de elementos de uma *escuta seletiva* – conceito que aqui emprego para caracterizar o ato de ouvir atentamente e levar em consideração apenas relatos que provêm de uma determinada autoridade, intencionalmente recortados. Essa escuta seletiva nas audiências de custódia pode ser vista tanto pelo ato concreto de não haver perguntas a serem devidamente respondidas, quanto pelo ato de desconsiderar aquilo que é dito, ambas as formas amparadas pela presunção de veracidade da palavra da polícia.

Relevante relembrar que as audiências, que são muito rápidas, são atribuídas a juízes considerados "eficientes" e levam em média 3 minutos, pois se resumem a perguntas que apenas validam o trabalho já realizado pela polícia. Em alguns casos, inclusive, o juiz já está imprimindo sua decisão antes mesmo de o custodiado se sentar. Essa primeira forma de escuta seletiva provoca um impacto no espectador que não participa da audiência, porque quem apenas a assiste consegue captar parte do que está sendo discutido[80]. Se o juiz não mencionar sequer por qual crime aquela pessoa está sendo acusada e se o espectador não tiver a autorização de consultar o processo físico, a audiência se torna apenas a conferência de dados pessoais constantes dos documentos policiais.

Já em algumas outras audiências, a escuta seletiva se mostra de forma distinta: mesmo com algumas perguntas que fogem da verificação do contexto biográfico, o juiz ignora aquilo que está sendo dito pelo custodiado ou pela defesa, não fazendo sequer menção ao que foi dito como argumento contrário. Esse tipo de *seletividade* é mais evidente quando, por exemplo, os operadores se encontram perto do fim do expediente ou perto do horário de almoço. Essa audiência, fei-

---

80 Por algumas vezes, durante meu campo, tive a oportunidade de conversar com estudantes de faculdades de Direito, que eram encaminhados por seus professores para assistir às audiências, como requisito para cumprir horas extras. Frequentemente eles mencionavam que estavam "impressionados" com a rapidez de alguns juízes que, antes dos outros, acabam suas obrigações diárias porque suas audiências são muito rápidas e nunca era possível entender a quais crimes se referiam os flagrantes.

ta às pressas, acaba por eliminar alguns elementos, por considerá-los irrelevantes.

A audiência de Robson, ou "o caso do usuário de crack", deixa transparecer um tipo de escuta seletiva que se refere à atenção (na verdade a falta dela) dada ao que é dito pelo custodiado. Robson narra seu contexto familiar e sua situação de viciado em drogas, assim como a sua intenção, ao tentar abordar o carro no qual foi encontrado. Independente da veracidade do relato dado por ele, há uma preocupação com os antecedentes criminais que parece ofuscar outros elementos que o custodiado traz em audiência, como seu contexto familiar e suas explicações por ter-se evadido do cárcere. É o *peso* dos argumentos com os quais o juiz confronta Robson e a referência à violência policial trazida apenas pela defesa que configura um tipo de não-escuta, apesar de ser visível que Robson havia sido agredido no rosto e nas mãos.

Novamente, Roberto Kant de Lima é quem descreve o sistema jurídico brasileiro como uma pirâmide, em que há uma disparidade de poderes de negociação jurídica entre aqueles que estão no topo e os que estão na base. Segundo ele, aqueles que estão no topo detêm poderes de definição, por ter um tipo de saber especial, conquistado por meio de uma educação não disponível a todos e exclusiva de certos segmentos da sociedade (Kant de Lima, 2010). Ao contrário de outros sistemas jurídicos, no caso brasileiro haveria a prevalência de modos de decisão capitaneados por essa autoridade, que não necessita ter o melhor argumento, já que seu saber é poderoso o suficiente para não precisar de consenso: a autoridade é da pessoa, não do argumento que ela utiliza (idem).

Como a audiência de custódia foi pensada para "humanizar o processo" (Lopes & Paiva, 2014), segundo alguns juristas brasileiros, que defendiam a sua implementação desde o Tratado Interamericano de Direitos Humanos, em 1992, a intenção era que houvesse, de fato, um ato de *escuta*. A prática, no entanto, revelou que a estrutura jurídica não renovada (a mesma que antes analisava o flagrante apenas através de papéis), não necessariamente é capaz de escutar de forma atenta e dedicada; muito pelo contrário, a *não-escuta* é ainda mais evidente quando há um sujeito presente, ao invés de um caso narrado apenas no papel.

A escuta seletiva pode ser considerada um elemento de uma prática institucional, porém não normativa, à medida que o processo penal, em si, contém uma formalidade que desumaniza o sujeito e o transforma em processo. As práticas relatadas em uma linguagem técnica no inquérito policial são "cerimoniais", mas não refletem exatamente como a investigação se deu no caso real (Misse, 2009). Apesar de 55% dos processos consultados durante a pesquisa terem mencionado que o acusado "preferiu exercer seu direito de permanecer em silêncio"[81], por diversas vezes, em audiência, o custodiado relatava que a oportunidade de se manifestar não havia sido a ele oferecida pelo delegado. Essa nova "oportunidade" de se manifestar, teoricamente, deveria ser exercida na audiência de custódia, mas, normalmente, ela se revela apenas como mais um mecanismo burocrático de não-escuta da pessoa presa em flagrante.

Nesse sentido de compreender a escuta seletiva como prática institucional, novamente Roberto Kant de Lima nos oferece, através de um estudo comparado entre Juizados Especiais, algumas reflexões sobre a diferença entre a igualdade jurídica pressuposta no Estado democrático e as práticas institucionais, que ele chama de "comportamentais". Apesar de se referir aos Juizados Especiais, acredito que haja um paralelo fértil com as audiências de custódia, na medida em que elas se constituem como um mecanismo considerado novo e direcionado à prática da escuta e já que o objetivo da sua implementação era promover o encontro pessoal da pessoa presa em flagrante com os operadores do Direito.

Roberto Kant de Lima diz que uma das formas como a cidadania pode ser compreendida pela nossa construção de Estado democrático é pelas práticas de reconhecimento: o sujeito sente que sua demanda é devidamente reconhecida pelo Estado, ainda que não atendida. O que diferencia o Brasil de outros países que partilham dessa ideia de reconhecimento é que não possuímos uma clareza da extensão dos privilégios e de diferenças de tratamentos que dispensamos às pessoas, "fazendo com que o cidadão sempre possa ser surpreendido pela interpretação inusitada (ou discricionária) da autoridade responsável" (Lima, 2010, p. 27).

Trazendo essa reflexão para o contexto das audiências de custódia, por ser um mecanismo novo, foi possível observar uma grande variedade de comportamentos frente à possibilidade de violência policial. A *criatividade* para lidar com os relatos das violências, nesse sentido, pode revelar uma indefinição dos critérios de reconhecimento de vio-

---

81 Relatório do IDDD supracitado, p. 36.

lência, uma vez que não houve uma devida capacitação para que os operadores aprendessem a identificar situações de violência. Diante do desconhecido, as audiências sinalizavam vários debates entre os operadores: qual violência é legítima? Quem é uma vítima? Em que ocasiões se deu apenas o uso adequado da força policial? Estas questões são as que tratarei ao longo desse capítulo[82].

Em um estudo realizado em 16 cortes civis nos Estados Unidos, durante três anos, John M. Conley e William M. O'Barr acompanharam demandantes considerados pré-processuais naquilo que, segundo a lógica do processo civil estadunidense, equivaleria aos nossos Juizados Especiais (Conley & O'Barr, 1988). Assim como a reflexão proposta por Roberto Kant de Lima, os pesquisadores perceberam que a *não-escuta* das demandas era vivida pelos demandantes como experiências de humilhação. Em entrevistas, os demandantes diziam que preferiam ter sido devidamente escutados pela autoridade do que terem sido indenizados, ou seja, a demanda pela escuta e pelo reconhecimento era maior do que a razão monetária ou reparatória que, normativamente, os havia levado até ali.

A partir dessas observações, os pesquisadores propõem três conclusões principais: que o procedimento pode ser mais importante que o resultado em si; que até pessoas instruídas, com um nível educacional acima da média, tinham dificuldade de entender conceitos jurídicos básicos, por não terem clareza sobre o que o Direito pode ou não pode lhes dar; e que as oportunidades de participação nas audiências eram importantes para todos os litigantes. Estes, por terem uma percepção de que "o Direito pode tudo", confiavam demais nas decisões dos Juizados e acabavam se frustrando por não terem espaço para se manifestar sobre o conflito.

Para os casos de relatos de violência policial em uma audiência de custódia, não se pode negar que existem vários outros fatores que tornam complexa a possibilidade de uma escuta atenta da pessoa custodiada. No entanto, acredito que a reflexão sobre a confiança no Direito e a compreensão dos limites do procedimento jurídico levam a compreender um certo paradoxo na criação das audiências de custódia: as organizações que defendiam a criação das audiências depositavam uma

---

82 Importante notar que em dezembro de 2015, depois de encerrada a pesquisa do IDDD, o CNJ publicou o Protocolo II, anexo à Resolução 213 do CNJ, em que indicou diretrizes para que os juízes aplicassem perguntas específicas sobre violência policial nas audiências de custódia, como já mencionado anteriormente.

certa esperança na criação desse mecanismo, inspirados pela ideia de uma empatia transformadora, sendo que a estrutura e o sistema em que as audiências foram criadas são os mesmos que já existiam.

Não se trata, portanto, apenas de uma apreensão leiga sobre o alcance do Direito, como nos casos analisados por Conley e O'Barr, mas também de uma expectativa mais profunda de transformação de um sistema que permaneceu o mesmo. Relevante resgatar que uma discussão parecida aconteceu na avaliação da implementação da a Lei n. 12.403/2011, conhecida como a nova Lei das Cautelares, que, através da expansão de modos alternativos ao cárcere como resposta do sistema penal, acabou por ampliar a população submetida ao sistema penal, ao invés de reduzir os números de prisão efetiva (IPEA, 2015).

2. SILENCIAMENTOS

Até aqui, propus uma caracterização de escuta seletiva, que pode ser considerada uma prática institucional que contrasta com a normatividade por não conceder uma defesa apropriada, naquilo que seria o imaginário de um sistema de justiça ideal, proveniente de um modelo que pressupõe igualdade jurídica, como Adorno sugere (1994). Há, no entanto, um tipo muito específico de escuta seletiva, quando consideramos casos em que houve uma agressão policial visível, que é operada pelo *silenciamento*. Com isso quero me referir a casos em que os custodiados têm marcas corporais visíveis de agressão (olho roxo, marcas nos braços e nas pernas, cicatrizes no rosto, sinais de espancamento, entre outros) e em que, muitas vezes, os operadores não mencionam o que estão vendo e não dirigem nenhuma pergunta ao custodiado sobre o ocorrido. A meu ver, mais do que o *silêncio*, existe uma prática ativa de *promover o silêncio* de forma intencional, não deixar ser dito, não haver espaço ou interesse para o relato da pessoa custodiada, um *silenciar*.

No relatório de pesquisa do IDDD, foi identificado que nenhuma pergunta sobre agressão policial foi feita em 266 audiências das 588 registradas na base de dados, o que corresponde a 45,23%. Em 29 dessas 266 audiências, o custodiado tinha marcas visíveis de agressão[83]. A meu ver, esses casos representam os desafios máximos da criação das audiências de custódia, porque apresentam situações fáticas que não

---

[83] Relatório do IDDD supracitado, p. 67.

podiam ser normativamente antecipadas, ou seja, só a experiência da apresentação pessoal do custodiado, que não acontecia antes, pôde trazer novas questões que antes não existiam com o procedimento por escrito. Mais especificamente: o que acontece se ninguém perguntar? E se o próprio custodiado não quiser falar da violência que sofreu por medo de retaliação? Qual deve ser o procedimento mais adequado para averiguar os fatos? Só depois que as audiências passaram a operar é que esses desafios puderam ser identificados como problemas que não são resolvidos apenas com a presença pessoal da pessoa presa em flagrante.

Veena Das, quando narra o que acompanhou do cotidiano de mulheres indianas, tanto à época da separação com o Paquistão, logo após a morte de Jandir Gandhi, trata o silêncio como um conhecimento venenoso, porque é a forma de lidar com acontecimentos que escapam das palavras suportáveis no dia-a-dia (Das, 2007). Nesse sentido, o silêncio é uma forma ativa de lidar com o sofrimento, diferente de um processo de esquecimento. Mulheres que podiam falar sobre as agressões sofridas em seus relacionamentos cotidianos não conseguiam verbalizar eventos que marcaram de forma definitiva seus corpos e memórias.

A partir dessa perspectiva proposta por Veena Das, proponho pensarmos o silêncio na chave de que ele significa algo além de uma ausência de linguagem. Permanecer em silêncio diante de um caso de agressão pode ter vários significados que operam no limite daquilo que é ou não legitimado pelo Direito[84]. As práticas cotidianas das audiências, ainda mais por serem um instrumento jurídico novo, deixam visíveis as escolhas que os operadores fazem quando são confrontados com casos de violência. Como diria Geertz, o Direito não existe como mecanismo que paira no ar sobre todos nós, mas é construído a partir de um contexto local (Geertz, 2006), de forma que esses silêncios também constituem a prática do Direito que é feito em audiências de custódia.

Esse silêncio, no entanto, não é exclusivo dessas audiências: as cifras escondidas de casos de agressão policial, tanto no momento da prisão, como dentro das unidades prisionais, têm sido denunciadas pela

---

84 Como a minha pesquisa não chegou a entrevistar as pessoas presas, não posso afirmar o que seria o silêncio para essas pessoas ou fazer paralelos com o conhecimento venenoso proposto por Veena Das. Eu me limito a pensar o silêncio dos operadores, que profissional e (talvez) moralmente teriam a função de verbalizar o assunto da violência policial em prisões em flagrante.

Pastoral Carcerária há muitos anos[85]. A Defensoria Pública do Estado de São Paulo, principalmente através do Núcleo de Direitos Humanos, tem-se pronunciado sobre a negligência das instituições na apuração de casos de agressão policial, inclusive pedindo indenização judicial quando a lesão é comprovada e ingressando na Corte Interamericana de Direitos Humanos contra o Estado brasileiro por casos de execuções sumárias por parte da polícia[86].

A própria ideia da criação das audiências de custódia propunha romper com a inércia institucional na investigação e apuração de casos de violência policial prevista na Convenção Interamericana de Direitos Humanos. O silêncio dos operadores, dessa forma, pode ser considerado uma violência institucional, no sentido de que as agressões sofridas pelos presos em flagrante não fazem parte das prioridades do sistema criminal. O *silenciamento* perpassa diversos momentos da audiência: desde a prisão, em que é muito raro que haja possibilidade de relatar agressão para o delegado da Polícia Civil, na entrevista com o advogado, feita ao lado de um policial, e na própria audiência de custódia, realizada com dois policiais militares presentes na sala.

Os crimes patrimoniais ou o crime de tráfico de drogas são considerados mais relevantes em termos de políticas de segurança pública do que uma agressão policial que pode ser vista como justificável, já que é interpretada como uma violência legítima: não haveria outra forma de conter o custodiado se não pelo emprego da violência física por parte da polícia. Nos relatos dos Boletins de Ocorrência, muitas vezes a autoridade policial se adianta na descrição dos fatos para já garantir que não houve a abertura de investigação devido ao custodiado ter "tentado fugir" ou demonstrado "resistência à prisão".

O caso de Flávio, ou o "caso do baleado", coloca várias questões em relação ao silêncio. Flávio havia feito parte de um flagrante que culminou na morte de outra pessoa, porém nos documentos trazidos, redigidos pela Polícia Civil, o depoimento da vítima, que era policial militar, já parecia trazer todos os elementos necessários para a constru-

---

85 Um dos relatórios sobre tortura em ambiente prisional publicado pela Pastoral Carcerária, em 2002, faz referência específica ao silêncio: *Quebrar o silêncio: atualização das alegações de tortura no estado de São Paulo: 2000/2002*. ACAT- Brasil; Pastoral Carcerária Nacional, 2002.

86 Últimas atuações da Defensoria Pública do Estado de São Paulo frente ao tema de agressões policiais disponível em: http://www.defensoria.sp.gov.br/dpesp/Default.aspx?idPagina=5261. Acesso em abril de 2018.

ção da narrativa do flagrante. Nas palavras do policial-vítima, Flávio e o outro rapaz teriam tentado empreender fuga e a medida necessária para a sua contenção era o uso da arma de fogo. Em audiência, o contraste entre a vulnerabilidade física de Flávio, com o braço quebrado e a roupa cheia de sangue, e a postura agressiva do juiz, deixam um silêncio constrangedor no ambiente.

No sentido apresentado por Veena Das, podemos pensar no silêncio de Flávio como uma forma de comunicação. Sua versão dos fatos já não importava para a formação de uma verdade pré-construída pela polícia, inclusive sua versão poderia trazer ainda mais conflitos para a situação de violência enfrentada. Não é minha intenção sugerir que, nesse caso, a tentativa de fuga ou a resistência não teria de fato acontecido, mas entender em que medida a existência dessa descrição no BO já elimina a necessidade de averiguar outra versão do ocorrido, gerando o silêncio. Nesse caso, vê-se, na prática, o ideal do monopólio do uso da força operando, pois somente o Estado, representado pela polícia, poderia utilizar um meio violento para conter uma pessoa (Adorno, 1994).

No caso de Flávio, o outro rapaz listado no flagrante faleceu e, por isso, sua versão da história não poderia ter sido escutada. Porém, a realização de audiências nos casos em que a pessoa está internada devido à abordagem coloca em questão o significado da existência das chamadas "audiências fantasmas": a câmera permanece ligada, de frente para a cadeira onde a pessoa custodiada se sentaria, e as falas dos operadores são gravadas como se ela estivesse ali presente. O contrassenso de uma audiência que não conta com a pessoa a ser escutada revela o quão formal é entendido esse ato de escutar, ainda mais dada a constatação da ocorrência de um ato de violência extremo, que levou à hospitalização.

Já em relação ao caso de Robson, cujo vício em crack o tornava fisicamente debilitado, é importante notar que a juíza da audiência não fez nenhuma pergunta sobre a violência policial eventualmente sofrida pelo custodiado e somente o defensor o questionou sobre as marcas visíveis que ele tinha no rosto e nas mãos. Robson é acusado de crime de resistência, ou seja, não só sua conduta ao tentar fugir configura um motivo justificável para a conduta policial violenta como sua suposta tentativa de fuga é outro crime pelo qual ele será investigado. A fala da promotora de justiça quando pede a conversão da prisão em flagrante em prisão provisória deixa clara sob qual perspectiva a violência de Robson está sendo vista por ela:

> Verifico que houve ainda o crime de resistência, uma vez que consta nas declarações do policial que o soldado PM Gazela efetuou a abordagem do autuado que se encontrava no interior do veículo, produto de furto, e que, ao perceber que seria abordado, ele tentou empreender fuga e houve uma perseguição à pé, quando houve resistência à prisão por parte do autuado, iniciando uma luta corporal, com um policial militar. O policial narra que, tentando deter o indivíduo, ambos acabaram caindo ao chão, caindo sobre entulhos. O policial também sofreu lesões no rosto e nos braços e, após, ele conseguiu êxito em deter o autuado, recebendo apoio para enfim algemá-lo. Assim, as agressões noticiadas são produto da resistência perpetrada e não agressões policiais, como quer dizer nessa audiência o autuado. Ele resistiu à prisão, entrou em luta corporal com o policial militar e restaram lesões em ambos.

A partir da descrição pormenorizada do policial militar sobre como teria sido o momento de "luta corporal", tanto a juíza quanto a promotora pareceram não ver a necessidade de abordar a questão a partir de uma possível narrativa diferente por parte de Robson. Muito pelo contrário, a própria promotora rebate a versão de Robson de que ele teria sido agredido, já dando uma interpretação do Ministério Público sobre qual versão deveria ser privilegiada.

Já no caso da audiência de Danilo, "o caso do lava-jato", há um outro mecanismo de silenciamento, mas dessa vez forçado, ou seja, que opera através da interrupção. A juíza, preocupada com as informações pessoais do custodiado, principalmente em conseguir dados precisos de moradia e de trabalho, não permite que Danilo termine suas frases. A todo tempo ela o interrompe, conduzindo a audiência com perguntas objetivas, para obter apenas as respostas que deseja. Retomo um trecho abaixo:

> **J:** Senhor Danilo, esses policiais agrediram o senhor ou ameaçaram o senhor em algum momento?
>
> **D:** Já, senhora, até na frente-
>
> **J:** Já não, senhor Danilo, na data de ontem, quando o senhor foi preso, é essa minha pergunta. Ontem eles agrediram o senhor ou ameaçaram o senhor?
>
> **D:** [Danilo estica a boca, começa a ficar ofegante] me agrediram, senhora. Me agrediram-
>
> **J:** É, aonde?

> **D:** Eles até falaram assim-
>
> **J:** Aonde, senhor Danilo?
>
> **D:** Lá na rua, senhora-
>
> **J:** Que partes do corpo do senhor? É isso que eu quero saber.
>
> **D:** Um soco aqui assim, senhora [indica o peitoral]
>
> **J:** O senhor ficou com alguma marca?
>
> **D:** [Danilo estica a boca] não, senhora, não fiquei com marca não, senhora.
>
> **J:** Não? Além do soco no peito do senhor, o que mais?
>
> **D:** Só isso, senhora. Ah, uns tapa na "oreia" só, senhora-
>
> **J:** Só?
>
> **D:** Só que teve uma vez-
>
> **J:** Esses policiais foram os que levaram o senhor do local da abordagem até a delegacia?
>
> **D:** [Danilo estica a boca] foi senhora.

Os travessões, que aqui servem para identificar interrupções bruscas na fala, servem também para transmitir o clima de agressividade com que as perguntas eram feitas, tornando o relato de Danilo cada vez menor e fazendo com que ele não terminasse de relatar o que teria acontecido para além da violência física.

Esse silêncio também se prolonga para além da ocasião da audiência de custódia em si, porque o mecanismo montado para apuração das práticas de violência não costuma se manifestar a respeito de denúncias feitas em audiência.

No Departamento de Inquéritos Policiais (DIPO) da capital, o DIPO 5 foi a sessão responsável por receber denúncias de agressão policial, coordenado pelo juiz corregedor da Polícia Civil. Depois de gravado o vídeo em que a pessoa relata a agressão, durante a audiência de custódia, o juiz da audiência encaminha um ofício para o DIPO 5, pedindo a abertura de procedimento investigativo. Em seguida, o caso é encaminhado às Corregedorias das Polícias (Civil ou Militar), para que procedam à investigação na corporação que tiver sido objeto de denúncia.

Como já mencionado no capítulo I desta dissertação, quando a minha pesquisa se encerrou, 90 casos dos 588 haviam sido encaminhados ao DIPO 5 ao longo de 10 meses de audiência e nenhum havia deflagrado qualquer procedimento além do encaminhamento para as Corregedorias, para o GECEP ou arquivamento definitivo[87]. O que proponho é que, mesmo com a denúncia em audiência, o *silêncio* das instituições no processo de investigação é uma forma de violência institucional. A espera por uma reparação que nunca vem, como no caso das mães descritas por Adriana Vianna e Juliana Farias, é similar à sensação de descrédito nas instituições para apuração de agressões por parte da polícia (Vianna & Farias, 2014).

O caso de Luana nos faz refletir a respeito de como o silêncio relativo aos mecanismos de fiscalização da violência influenciam a decisão do custodiado de revelar ou não o que aconteceu: o juiz da audiência desse caso fez a instauração do procedimento do DIPO 5, porque deu credibilidade aos relatos de violência feitos por Luana, porém isso sequer foi comunicado à custodiada. Nesse caso, a vítima da violência perpetrada por um agente do Estado não receberá o mesmo tratamento dado a outras vítimas no interior do sistema. Em outras palavras: a vítima de Luana, que era um taxista, sabe que é vítima e será assim tratada diante do processo criminal, que se iniciará com a denúncia do Ministério Público, enquanto a própria Luana não será tratada como vítima da polícia, já que seu procedimento foi arquivado.

Na literatura antropológica que se reporta ao "segredo", ele normalmente está associado a "sociedades secretas", que praticam rituais de iniciação, mitos e práticas tribais sobre os quais alguns nativos e o próprio antropólogo não podem ter acesso. Georg Simmel, sociólogo alemão, escreveu em 1908 que o segredo normalmente é uma prática social comum às culturas "menos desenvolvidas", que não possuem os valores de confiança e boa-fé presentes em sociedades modernas. Para ele, o desenvolvimento de uma sociedade poderia ser medido pela centralidade ou não de práticas secretas no dia-a-dia (Simmel, 1986).

O autor oferece algumas interpretações sobre segredos nas sociedades modernas, antes invisíveis ao antropólogo que não admitia que sua própria sociedade poderia operar por mecanismos similares de ocultamento e revelação. Segundo Simmel, uma pessoa modifica seu comportamento a partir da imagem que acredita apresentar de si e dos impactos que ela causa, portanto, está o tempo todo escolhendo o que irá revelar e ocultar (p. 361). A proporção entre verdade e mentira varia, segundo o autor, a depender do grau de intimidade de uma relação, mas o segredo é parte estrutural de toda e qualquer relação humana.

---

87 Relatório do IDDD citado na nota de rodapé número 4, p. 68.

No plano das relações íntimas, o autor afirma que há um *"mútuo disímulo"* (p. 365), em português uma "dissimulação mútua", uma proximidade que, ao mesmo tempo, inclui distâncias e pausas, o que pressupõe conhecimento, mas também uma certa ignorância de quem é o outro. No plano social, o segredo está mais presente e pode ser utilizado como mecanismo ativo, uma escolha de esconder algo.

Graham M. Jones, que escreve muitos anos depois de Georg Simmel, diz que o grande valor do segredo está no quanto ele é paradoxal: ele só existe em público, sob o permanente risco de ser revelado (Jones, 2014). A tensão entre aqueles de dentro (que sabem do segredo) e aqueles de fora (que não o sabem) constrói relações de desigualdade que podem ser manipuladas socialmente.

Para Taussig, o conceito de "segredo público" é a informação da qual todos em uma sociedade sabem, mas dificilmente explicitam, no sentido de um conhecimento que permanece velado (in Jones, 2014). Sua utilidade é a manutenção de um determinado *status quo* que está intimamente ligado a padrões de desigualdade mantidos ao longo dos anos. Ao mesmo tempo, o segredo se torna o "idioma" pelo qual se questiona a existência do Estado liberal, que preza pela transparência. Jones trata desse conceito de Taussig ao analisar principalmente o papel das agências secretas norte-americanas e os debates sobre a existência de armas nucleares durante a Guerra Fria (p. 56).

A partir desses autores, proponho pensarmos as audiências de custódia como mecanismos estatais criados para a *revelação de segredos*. Elas pressupunham que a pessoa custodiada revelaria o que aconteceu no momento do flagrante, tornando audível, registrável e oficial uma violência que já era pressuposta nas prisões em flagrantes e incansavelmente relatadas pelas organizações de pesquisas e de direitos humanos. Essa violência policial, como um "segredo público" brasileiro, poderia ser enfrentada porque passaria a existir no plano jurídico e se revestiria, assim, de uma legitimidade maior do que as denúncias já existentes.

Como "segredo público", a violência policial mantém os padrões de desigualdade através da separação entre quem é a população controlada, quem escapa ao controle e quem controla. Essa violência não é desconhecida, porém é de difícil reconhecimento público, e o risco de ser revelada, como por exemplo com a criação das audiências de custódia, coloca em perigo a aparência de "devido" controle e monopólio da força que o Estado deseja manter publicamente.

É curioso que o então Secretário de Segurança Pública do estado de São Paulo, à época da implantação das audiências de custódia, Alexandre de Moraes, deu uma entrevista a um jornal de grande circulação, dizendo que as audiências de custódia serviam para "desfazer o mito" de que havia violência policial quando das prisões em flagrante, já que nenhum caso de violência havia sido apurado. Em resposta à essa reportagem, entidades de direitos humanos pediram a retratação do secretário, porque a falta de apuração não significava não haver denúncias, mas significava ineficácia nas investigações para apurá-las[88]. Nesse paralelo com o conceito de "segredo público", o antigo Secretário se esforçou para não só tentar manter a aparente estabilidade do "devido" trabalho da polícia, como para usar as audiências de custódia enquanto um reforço do argumento de que estatisticamente não se pode comprovar que a polícia não age de acordo com a lei.

3.   PERGUNTA E DESCONFIANÇA

As perguntas sobre violência policial, quando formuladas em audiências de custódia, normalmente são feitas de forma indireta. Há uma boa variação, a depender de qual juiz conduz a audiência, e importa observar *como* tais perguntas são elaboradas e situadas em cada audiência. Das 290 vezes em que a pergunta foi formulada, em 248 foi o juiz quem a formulou; em 34 foi o representante da defesa e em apenas 8 foi o promotor de justiça. É relevante esse dado porque, constitucionalmente, conforme já apontado, o Ministério Público é o órgão responsável por realizar o controle externo da atividade policial.

Duas maneiras principais de perguntar sobre violência policial se destacaram nas audiências. Às vezes, o juiz perguntava à pessoa custodiada: "houve alguma irregularidade no momento da sua prisão?". Apesar de estar se referindo à violência policial como um tipo de irregularidade, muitas vezes essa pergunta parecia ser interpretada de outra forma, pois a pessoa custodiada poderia não saber o que significava a palavra "irregularidade", ou, ainda que soubesse, poderia não

---

88 Reportagem do jornal Estadão, publicada em setembro de 2015, relatando a controvérsia depois de alegação do Secretário, intitulada "Audiência de custódia revela indício de 277 casos de tortura". Disponível em: http://saopaulo.estadao. com.br/noticias/geral,audiencia-de-custodia-revela-indicio-de-tortura-em-277-casos-deprisoes,1765856. Acesso em abril de 2018.

considerar que a violência policial tinha sido uma irregularidade, já que a atitude violenta da polícia é recorrente e naturalizada.

Retomando a audiência de Danilo, do tópico anterior, a frase "Ah, uns tapa na ´oreia´ só, senhora", é um exemplo de uma das respostas mais comuns que os custodiados davam em audiência, quando eram perguntados sobre violência. Outra resposta frequente era: "Nada, só o normal". De novo, a depender do juiz, poderia haver uma preocupação em entender o que a pessoa custodiada estava entendendo por "normal", mas em outros casos a pergunta era assimilada como uma negativa de violência e o assunto era encerrado. A pergunta pressupunha um certo conhecimento do que seria considerado regular e irregular em uma prisão em flagrante, mas não necessariamente só por parte da polícia, já que a regularidade da prisão também poderia ser estendida aos procedimentos de levar a pessoa à delegacia, colocá-la à espera na carceragem e depois conduzi-la à audiência.

Além de justificável, há uma compreensão da violência que é normalizada: aqui, quero me referir àquela que faz parte da atividade de abordagem da polícia e que não é questionada. O *modus operandi* violento da Polícia Militar é legitimado, por exemplo, quando o próprio custodiado considera as violações sofridas iguais a outras abordagens das quais já foi alvo e, portanto, conclui não valer a pena mencioná-las, o que as torna difíceis de serem contabilizadas. Nesses casos, a política institucional violenta da polícia é incorporada nos discursos de "combate à criminalidade" e de que o "trabalho da rua" é necessariamente violento (Jesus et al, 2011).

A sociabilidade violenta da polícia é um dos temas mais abordados nas ciências sociais brasileiras contemporâneas (Pinc, 2007; Oliveira, 2010; Telles, 2010; Teixeira, 2012; Santos, 2012; Sinhoretto et al, 2014), sendo normalmente legitimada por outros órgãos do poder público, não persistindo, portanto, em um vácuo institucional. Nas audiências de custódia o silêncio é um dos instrumentos de legitimação dessa sociabilidade, principalmente na figura dos promotores de justiça que, constitucionalmente, são os responsáveis pela atividade de controle externo da polícia. Ao não realizar nenhuma pergunta em relação à violência visível ou ao enfrentar o custodiado com ameaças sobre os relatos de agressão, o Ministério Público endossa as práticas violentas da polícia e dá um aval para que elas continuem acontecendo.

No caso de Flávio, por exemplo, havia uma notícia de violência evidente – tanto no boletim de ocorrência, que descrevia o óbito do outro rapaz, quanto em razão da presença física do custodiado com o gesso, que protegia a área atingida pelo projétil – e, no entanto, o juiz fez a seguinte pergunta: "quer falar alguma coisa do que aconteceu aí ou não?". Essa forma de perguntar, ainda que não exclua a possibilidade de se falar sobre a violência ocorrida no flagrante, tampouco é direta. A desconfiança contida na pergunta pareceu fazer o custodiado não apresentar uma versão dos fatos diferente daquela contida nos documentos oficiais.

Outra forma comum de fazer a pergunta era: "você sofreu alguma violência no momento da sua prisão?". Essa forma, ainda que mais direta, poderia ser respondida da mesma maneira que em relação à forma anterior; ou seja, a palavra "violência" também pode ser interpretada a partir da compreensão do que é normal em uma abordagem policial. Em alguns casos, no entanto, a pessoa custodiada confirmava que havia sofrido violência policial. As narrativas do que havia acontecido quase sempre se referiam à violência física, como: pisadas na cabeça, tapas na cara, socos no estômago, uso de máquinas de choque, ou outras práticas menos comuns, como queimar a sobrancelha da pessoa custodiada, arrastá-la na viatura, passar o carro em cima do seu pé. Nesses casos mais graves, a presença de sinais de violência física era mais evidente.

A partir da resposta afirmativa sobre ter havido violência policial, os juízes ou os promotores demonstravam uma atitude de desconfiança, que se manifestava principalmente através de dois mecanismos: (i) perguntar se a pessoa custodiada conhecia aqueles policiais de outra abordagem ou (ii) perguntar se a pessoa saberia de algum motivo pelo qual os policiais a teriam agredido. Essas duas formas de questionar a pessoa custodiada partiam do pressuposto de que os policiais não cometeriam atos de violência sem um motivo concreto relacionado à própria pessoa que foi presa. A culpa da violência, em última instância, seria do próprio custodiado.

Essa atitude de desconfiança foi um dos pontos que mais me chamaram a atenção, desde que comecei a acompanhar as audiências: por que os operadores faziam essas perguntas? Em alguns casos, os promotores, que ouviam o relato da violência, se manifestavam para alertar a pessoa custodiada sobre o que ela estava alegando: "se o que você está dizendo for constatado como mentira, você pode ser processado por denunciação caluniosa, você sabe disso?". Essa forma de "informar" a pessoa custodiada se transformava em uma ameaça e, muitas vezes, depois de ouvir essa fala do promotor, a pessoa custodiada pedia para que o juiz não oficiasse a polícia sobre o que havia contado.

No caso da Carla, "o caso da roleta-russa", há vários elementos de desconfiança presentes e simultâneos. O relato de violência que ela faz, de forma elaborada e detalhada, não encontra ressonância na conduta da juíza, que escolhe não fazer perguntas para não identificar quem seriam os policiais civis que a teriam violentado, nem como isso teria acontecido. Não há uma preocupação em ouvir. O espaço de fala de Carla parece praticamente forçado, pois ela começa a falar e ninguém consegue interromper seu desabafo. O policial militar, atrás dela, constantemente se mexe desconfortável, conforme o relato vai evoluindo e ficando mais específico e revelador de mais violência.

A promotora, ao final, devolve à Carla perguntas sobre os motivos pelos quais os policiais teriam feito isso: "Por que perderiam o tempo deles fazendo roleta russa com você?". Carla, sem saber o que responder, ouve da promotora que se trata de uma denúncia grave contra policiais e que aquilo será devidamente apurado. Carla parece não ter medo do tom ameaçador da promotora.

Didier Fassin, no livro *Enforcing Order* (2004), faz uma descrição etnográfica do trabalho policial na capital francesa durante os anos de 2001 e 2002, quando permaneceu em campo acompanhando as rotinas de alguns batalhões policiais na cidade. A etnografia tem como objetivo a compreensão do limite entre o *uso da força* e a configuração de uma situação de *violência*. Como resultado de sua imersão no trabalho policial, Fassin destaca que, para seus interlocutores, a diferença estava na *intenção* do policial. Os policiais conversavam entre si e divergiam sobre "abusos" dos colegas, mas, como não havia uma indicação clara ou um critério escrito sobre o que seria um "correto uso da força", a violência se tornava quase um conceito vazio de significado: aos olhos deles, tratava-se apenas de uma forma de alcançar as finalidades do trabalho, ou seja, como controlar um indivíduo que deve ser contido.

Todavia, Fassin identificou que nos processos das corregedorias e até para os juízes (nas poucas vezes em que os casos chegavam a ser judicializados), a compreensão da violência não era tratada como um fator psicológico, de haver ou não intenção do policial envolvido, mas de descumprimento de uma ordem técnica (p. 127). Em relação a essa configuração técnica, Fassin aponta três principais características atribuídas a um ato de violência: trata-se sempre de um ato físico, de uma ação direcionada a um corpo; é possível identificá-la pelas marcas que deixa, ou seja, as consequências são visíveis; e a conduta difere de um padrão esperado de comportamento profissional, foge de alguma normativa do que seria mais adequado para aquele caso, segundo parâmetros de proporcionalidade e necessidade.

Segundo o autor, esses não são critérios somente administrativos e judiciais, usados para apuração e possível punição dos agentes do Estado, mas são também critérios usados em estudos sociológicos sobre violência policial, tanto nos Estados Unidos como na Europa. Para ele, essa é uma compreensão limitada e ele então propõe um estudo voltado para a dimensão moral da violência, enquanto um ataque às noções de dignidade e integridade que a pessoa violentada experimenta (p. 128 e 129). A violência, nesse sentido moral, foge dessas três características técnicas e, além disso, não é nomeada e, por isso, não tem existência social.

Ainda assim, há uma situação de violência nas abordagens e nas diferentes formas de humilhação vividas pela população negra e periférica das grandes cidades que não se tornam queixas formais e muito menos obedecem à necessidade de comprovação processual que levaria a uma possível punição do agente estatal (p. 130). Na construção de uma sociedade que não admite, ao menos formalmente, castigos corporais como formas de punição – a "modernidade" proibiu penas físicas – a violência moral tornou-se uma forma substitutiva de castigo, com menos riscos, difícil de ser comprovada e mais fácil de ser cometida (idem).

No caso das audiências de custódia, como já mencionado na Introdução, o termo legal utilizado no Provimento número 03 de 2015 do Tribunal de Justiça de São Paulo foi "abuso". Apesar de uma extensa discussão acadêmica e, principalmente, de organizações internacionais sobre a nomeação do que seria uma violência perpetrada por funcionários do Estado, os próprios operadores revezavam os termos "abuso", "maus tratos", "violência" e "tortura". A irresponsabilidade na utilização dos termos pode indicar não só um desconhecimento do que vem sido construído a respeito desse tema, como também uma percepção leviana e consensual de que, como esse não era o foco das audiências, não faria diferença o nome a ser utilizado e que, quando muito, falariam estritamente sobre o que deixou *marcas físicas*.

Ao narrar o cotidiano das práticas policiais nos subúrbios de Paris, Fassin não pretende elaborar uma lista categórica do que seria a violência moral. O autor parece fugir exatamente da enumeração de situações concretas que dariam a aparência de enquadramento indiscutível de violência. A complexidade da experiência de humilhação e o ataque às noções de autoestima[89] das pessoas abordadas tornam quase impossível prever de que forma e qual a extensão do dano que atitudes policiais violentas podem causar a alguém. A normalização dessas experiências não nomeadas, segundo Fassin, retira o estudo da violência moral do campo dos estudos dos "traumas" e torna a questão ainda mais invisível nos projetos acadêmicos (p. 131).

Proponho aqui pensarmos em que medida as audiências de custódia podem provocar vivências de humilhação e, portanto, de violência moral tal como descrito por Fassin, algo, portanto, que vai além do já experimentado no constrangimento decorrente da prisão em flagrante. A situação de ser agredido pela polícia, física ou verbalmente, é questionada e posta em dúvida por um conjunto de atores que integram a nova situação da audiência de custódia. Nessa nova "fase", o custodiado é confrontado por pessoas que farão uma avaliação de seu contexto socioeconômico, bem como poderão fazer perguntas de cunho íntimo e pessoal para avaliar a veracidade do que diz e dar ou não legitimidade à sua versão da história. Nessa interação, comentários e questionamentos podem revelar preconceitos que antes eram limitados aos documentos escritos, mas agora são verbalizados e reforçados no momento da audiência de custódia.

Sobre esse ponto, é importante ressaltar que, como explicado no subitem 4 do capítulo II, os vídeos se encerravam logo após a manifestação da defesa, de forma que o que era dito pelos juízes não ficava gravado. Era nesse momento, de certa "liberdade", que os juízes aproveitavam para o que poderia ser descrito como "dar um esporro" nas pessoas custodiadas. Entre comentários sobre a vida pessoal e familiar da pessoa custodiada, era bem comum que a decisão fosse acompanhada de avaliações morais muito sérias e exaltadas sobre qualquer coisa que o juiz ou juíza da audiência considerasse relevante: desde comentários sobre a idade, a vestimenta, a família, o passado e até sobre times de futebol, caso a pessoa custodiada estivesse com a camiseta de um time. Um dos juízes mais rápidos, considerado muito eficiente entre

---

89 Fassin utiliza o termo "self value", na versão do trabalho em inglês, que ainda não possui tradução para o português. Optei por, livremente, traduzir o termo para "autoestima", por acreditar que essa seja uma tradução mais fiel ao sentido que o autor atribui ao longo do texto.

seus pares, chegou a xingar um preso em uma audiência que eu acompanhei, quando confrontou a informação que o preso lhe deu com a que ele tinha disponível em mãos no auto de prisão em flagrante.

Como minha pesquisa não contou com a narrativa das pessoas custodiadas sobre as audiências, não é possível atribuir um diagnóstico sobre o que pode ser sentido como humilhação ou não[90], mas as atitudes dos operadores que envolvem avaliações morais são relevantes para compreendemos quais são os parâmetros de comportamento que estão sendo considerados legítimos e quais são ilegítimos e como eles fazem essas construções. Os "esporros" dos juízes eram naturalizados e, em alguns casos, até incentivados pelos colegas, por serem de certa forma "complementares" às decisões. Ao mesmo tempo, a atitude de Alberto, que aparece no começo do caso Flávio, foi considerada extremamente desrespeitosa à formalidade que aquele juiz impunha ao rito da audiência. Dessa forma, a legitimidade estava mais atrelada a *quem* era a pessoa, do que à uma *conduta* específica.

Retomo, neste ponto, o caso Danilo. Desde o princípio da audiência, quando Danilo não conseguiu dizer o nome do lava-jato em que trabalhava, foi instaurado um clima de desconfiança que não pôde ser alterado no decorrer da audiência. Esse sinal de que estaria inventando um trabalho tornou qualquer relato de violência automaticamente inválido. Além das interrupções, que forçaram o silêncio, a juíza o questiona sobre porque ele, em outra oportunidade, não havia procurado a Corregedoria de Polícia para relatar as agressões verbais que sofreu na frente de sua mãe.

> **D:** Então, o meu pior problema, senhora, foi por causa da minha mãe, porque ela toma um remédio, uns negócio, senhora, e tirou foto na frente da minha mãe assim, falou na frente da minha mãe que iam me matar, senhora...
>
> **J:** Sei... Entendi... E isso foi na data ontem ou foi numa outra oportunidade?
>
> **D:** Mas foi numa vez passada, que ele me pegou-

---

90 Caso a pesquisa tivesse compreendido a narrativa da pessoa custodiada sobre a experiência da audiência, certamente diversas outras reflexões seriam possíveis. Destaco que o conceito de "trauma", muito empregado por Didier Fassin, não foi utilizado neste texto porque dependeria de uma análise profunda das vivências pessoais das pessoas presas, enquanto que o meu material me dava mais espaço e condições de falar sobre as perspectivas dos operadores do Direito no momento do encontro em audiência.

J: O senhor foi na Polícia ou na Corregedoria da Polícia reclamar dos policiais?

D: Não, senhora, não fui-

J: E por que não, senhor Danilo?

D: Ah, porque o pessoal que tava comigo falou que não, fiquei com medo de acontecer alguma coisa comigo, senhora.

J: Entendi. Senhor Danilo-

D: Aí quando eles-

J: Senhor Danilo!

É jogada sobre Danilo uma forma muito específica de desconfiança: o fato de que ele não teria procurado a Corregedoria de Polícia significa que a violência que ele sofreu no passado tira o crédito do seu relato presente. Era esperado que Danilo não só tivesse o conhecimento sobre a existência e o funcionamento da Corregedoria de Polícia, o que por si só já é uma presunção difícil de ser feita, dada a realidade social em que ele está inserido, como também que ele tivesse ativamente buscado meios concretos de resolver sua situação de confronto com policiais que patrulhavam com frequência o bairro onde ele vivia, conheciam as pessoas com quem ele convivia e estavam presentes no seu dia-a-dia. O medo de Danilo não é um argumento válido, já que, nas palavras da juíza, ele deveria ter buscado uma instituição da polícia para resolver as ameaças da própria polícia.

Independentemente de como as Corregedorias funcionam na prática, descreditar um relato de violência pela experiência de medo de retaliação é uma comunicação importante sobre a forma *circular* com que a violência policial pode ser vista dentro do Poder Judiciário: o cidadão deve procurar o Estado quando sente medo do Estado e, se ele não procura, é porque a violência não existiu. O momento de relato em audiência de custódia não substitui, então, a obrigação de um relato espontâneo de violência para dar a devida credibilidade, tanto à pessoa custodiada quanto à narrativa que ela conta. É o paradoxo de uma busca por uma justiça dentro do Estado, em relação à violência que o próprio Estado causou.

A meu ver, nessa dinâmica de palavra e silêncio, do revelar e do esconder, a todo tempo são manipulados valores sobre a própria pessoa custodiada. Os operadores, quando repetem as palavras da polícia, ou se manifestam institucionalmente, e até quando se silenciam diante de um relato extenso de violência, podem atingir a integridade e dignidade dos custodiados, por mais que considerem o trabalho que realizam diferente daquele feito pela polícia. Por ser um "trabalho jurídico", sem contato corporal direto, excetos por olhares, palavras e expressões, há pouca reflexão sobre a possibilidade de uma audiência de custódia também ser interpretada como uma violência. O que nela se acontece, segundo muitos, são procedimentos que buscam averiguar e mesmo solucionar "verdadeiras violências".

Não há como descartar um tipo muito específico de humilhação moral que ocorre exatamente nessas demonstrações de desconfiança e do uso do silêncio como uma forma de *não querer saber detalhes de uma possível agressão*. Nesse sentido, o desinteresse pela investigação de eventuais atos de violência policial, mais do que provocar consequências jurídicas concretas, por não aproveitar o momento do flagrante para obter informações que seriam relevantes em uma possível apuração dos fatos, tem também consequências simbólicas nas percepções que as pessoas custodiadas elaboram dos sentidos de justiça e de merecimento.

4.   QUEM É *VÍTIMA*?

O que chamei de "desconfiança" se refere à atitude dos juízes ou dos promotores em se interessarem por alguma possível explicação da violência sofrida pela pessoa custodiada que acabe responsabilizando-a. Esperar, por um lado, que a própria pessoa custodiada dê algum motivo para ter sofrido uma violência é, por outro lado, considerar que haveria motivo justificável para a violência policial. O que sugiro é que essa é uma forma de fazer uma separação entre sofrimento legítimo e ilegítimo, já que a atitude da pessoa custodiada poderia dar legitimidade a violência sofrida e, assim, não ser seu sofrimento merecedor de reconhecimento e investigação pelo Estado.

Esse sofrimento foi, em muitas audiências, contrastado com a violência que a pessoa custodiada causou ou teria causado, como: "Mas você se lembra do que fez com a vítima do roubo?". No caso da pessoa que foi agredida no momento do roubo, caberia a palavra "vítima" para também descrevê-la, categoria que não é utilizada para descrever a pessoa custodiada, mesmo quando há indícios de que ela tenha sido agredida pela polícia. Ela não é "vítima" da polícia, pois foi autora de uma violência que a polícia tentou coibir ou controlar. Portanto, mesmo que nessa tentativa a polícia também tenha sido violenta, isto é compreendido como uma justa reação à uma injusta violência anterior. É o *merecimento* da violência que descaracteriza a pessoa custodiada como "vítima" e a transforma em responsável pela própria violência sofrida.

No caso de Flávio, a violência que ele teria sofrido ao ser alvejado duas vezes, além de havido outro rapaz morto, no mesmo momento, parece ter sido legitimada por vários elementos: em primeiro lugar, a justificativa de que ele portava uma arma de fogo. Ainda que tenha sido depois classificada como um simulacro, o policial militar descreveu que havia se sentido ameaçado pela possibilidade de os dois estarem armados, o que justificaria os seus próprios disparos. Em seguida, o fato de a vítima de Flávio ser policial militar e de sua idoneidade, como figura pública, pairar como pano de fundo, figurou como um elemento importante para dar credibilidade ao relato do policial que efetuou a prisão em flagrante. Por último, a tentativa de roubar uma moto de forma violenta (diferente, por exemplo, de um crime de furto), legitima uma resposta violenta como única forma de conter os "meliantes".

Flávio e o outro rapaz, no momento da audiência, não podiam figurar como vítimas dos disparos porque eram os próprios causadores da violência. Não há, nem verbalmente e nem por escrito, uma negociação do status de quem é a vítima porque, a meu ver, "vítima" opera como uma categoria exclusiva para identificar alguém que *não merece sofrer porque não causou sofrimento*. Isso significa que há uma relação de causalidade entre não provocar sofrimento e o reconhecimento do papel de vítima. Quem dá causa ao sofrimento de alguém não figura como vítima, embora também possa ter sido alvo de agressões.

A antropóloga brasileira Cynthia Sarti, em seu texto *A vítima como figura contemporânea* (2011), retoma a trajetória teórica do conceito de vítima na Antropologia. Em uma das passagens do texto, ela relembra os escritos de Wieviorka e a ideia de a violência ser interpretada como a impossibilidade de comunicação, como o limite do que pode ser comunicado. Por estar em discursos submetidos ao crivo social, descrições da violência se referem ao que pode ser dito (p. 57):

> Essa perspectiva implica discutir as condições de possibilidade de elaboração das experiências de dor e sofrimento, articulando aspectos subjetivos e o contexto social e político, de forma a buscar o que permite falar ou o

que faz silenciar; ou ainda, o que é permitido vir à tona e o que é deixado na sombra.

A questão das palavras, no caso das audiências, é central, pois é o jogo de perguntas e respostas que a todo momento coloca em questão o que pode ser considerado violência policial e o que está de acordo com os padrões esperados de trabalho da polícia e, portanto, é uma não-violência. O que pode ser dito e o que é silenciado se relacionam com o contexto em que as audiências ocorrem: há policiais militares por todas as partes, da escolta até a sala, acompanhando a conversa entre o defensor e a pessoa custodiada e depois, dentro da sala, policiais durante toda a audiência.

Outro aspecto ressaltado por Sarti é a percepção de que a violência na modernidade foi construída a partir da perspectiva da individualidade. O corpo do indivíduo o separa dos outros, o "eu" se aparta da sociedade, como argumentam Dumont e Le Breton (p. 56). Na sociedade contemporânea, no entanto, essa distinção foi construída de forma mais fluida, sem tantos limites definidos, o que é chamado de "corpo incircunscrito" por Caldeira (p. 57). As diferentes formas de violência tornam essa categoria genérica, por isso ela deve ser compreendida de forma contextual (p. 58):

> Não se parte de uma definição *a priori* do que constitui a violência, mas sua definição é referida ao sistema simbólico que a qualifica como tal, o que estabelece as condições de possibilidade de sua elaboração, que é tanto de ordem política, por dizer respeito à configuração do poder na sociedade, como cultural, por se inscrever na ordem simbólica.

Considerando essa perspectiva da relação contextual da violência, proponho pensarmos as audiências de custódia, a partir do seu contexto de criação e justificação, como um novo instituto jurídico que seria capaz de identificar violências cometidas por agentes do Estado. As audiências foram criadas a partir da ideia de que a apresentação física da pessoa presa em flagrante, em até 24 horas após a prisão, diante de um juiz, tornaria a decisão referente à necessidade da prisão provisória mais "humanizada" (Lopes & Paiva, 2014). Essa palavra, "humanizada", utilizada para se referir à possível empatia que os operadores do Direito sentiriam pela pessoa presa, contrapõe-se ao que era feito antes, quando a análise do flagrante pelos juízes que decidiam se haveria ou não prisão provisória dependia apenas de papeis entregues a ele.

Dessa forma, a violência a ser compreendida está circunscrita ao que pode ser "produzido" por esses interlocutores nesse encontro: o custodiado, os operadores, o escrevente, o policial militar e, também, eventuais pesquisadores espectadores que estejam presentes na sala. Na falta de regulamentações específicas sobre o que deve ser verificado e eventuais respostas objetivas que devem ser extraídas, é o momento de interação que irá construir o que pode, naquele contexto, ser considerado violência ou não. O que acontece, a meu ver, é que os critérios de legitimação já são antecipados nos documentos policiais e que, por isso, essas audiências estão também amarradas à descrição feita no papel, mesmo com a presença física do custodiado.

Novamente em relação ao caso de Luana, a vítima – o taxista – se enquadrou nessa categoria, em todos os momentos do processo, e foi assim tratada pela promotora em sua fala final. No entanto, Luana, mulher transexual, migrante de um estado do Norte, prostituta, moradora do centro da cidade de São Paulo, não conseguiu o "status" de vítima no procedimento que apuraria os abusos sofridos no momento de sua prisão em flagrante. Luana não foi informada, em audiência, do procedimento do DIPO 5 que fora aberto em seu nome, e ela fez parte dos casos que foram arquivados, assim como outros similares que acompanhei durante o trabalho de campo.

A defensora de Luana se esforçou para dar o nome de "tortura" ao relato que ela havia dado, não usando o termo legal que seria apenas "abuso". A narrativa da defesa segue o tom procedimental do juiz e da promotora, que pareciam impávidas diante dos relatos de agressão de Luana, mas se esforça para deixar registrado, em vídeo, que sua defesa incluía a credibilidade ao relato da custodiada:

> **D:** Meritíssimo juiz, conforme narrado à vossa excelência nessa oportunidade, trata-se de indiciada que foi vítima de agressão, quando da sua apreensão. Trata-se de caso claro de tortura, motivo inclusive pelo qual houve a implantação dessas audiências de custódia. Preciso ressaltar que é pacífico o entendimento que a apreensão decorrente de tortura é caso de relaxamento do flagrante. Desta feita, requeiro seja o flagrante relaxado, tendo em vista que a indiciada, além de ter sido torturada, foi conduzida pelos próprios policiais ao distrito policial e, por consequência, há também ilegalidade no auto de prisão em flagrante.

É novamente Didier Fassin quem diz que admitir a moralidade contida no ato de violência, o qual ocorre independentemente de haver uma agressão física, é também admitir as emoções daqueles que exercem a violência, como destacado por Étienne Balibar: é admitir a existência de *crueldade* como consequência da construção de uma imagem de *inimigo*. Por essa lógica do agressor, o sujeito agredido merece a violência que recai sobre ele porque a culpa pelo próprio sofrimento advém de três possibilidades: a primeira, da conduta praticada; a segunda, seu passado supostamente criminoso; ou, terceira, pela sua simples presença no mundo (Fassin, 2004, p. 136).

Há, portanto, uma legitimação social da violência contra suspeitos de crimes e tal legitimação vai além da atitude do policial que trabalha na rua. Ela está ancorada nas percepções de merecimento que também estão presentes nas altas autoridades aplicadoras da lei (idem). A meu ver, por essa linha de pensamento trazida por Fassin, a ideia da criação das audiências de custódia como uma forma de revelar a violência perpetrada pela polícia, com a expectativa de que a revelação ensejasse uma resposta eficiente das Corregedorias e, no caso, do DIPO 5, desconsidera que, ao relativizarem e ignorarem situações de crueldade, as autoridades são parte fundamental do mecanismo de legitimação da violência que autoriza a conduta policial.

Ergon Bittner, ao estudar a criação das forças policiais norte-americanas na década de 80, diz que está na própria origem da polícia a construção de tipos de pessoas alvos das ações policiais (Bittner, 2003, p. 102). As abordagens direcionadas a uma determinada camada da população não são a expressão de um preconceito "pessoal ou institucional": a classe e a raça são consideradas "fatores de ação", motivos para a abordagem. Nesse sentido, os policiais calculam o risco de errar a abordagem e apostam sempre na população já vulnerabilizada. O efeito prático é o reforço de divisões sociais já existentes, de forma que os policiais não criam desigualdades, mas certamente reforçam as já existentes (p. 103).

5. PERCEPÇÕES DE SOFRIMENTO NAS MARGENS DO ESTADO

Didier Fassin no livro *Humanitarian Reason* (2012) fala desse "governo" composto não só pelo Estado, mas por um conjunto que também contém organismos internacionais, instituições políticas e mídia, e que é responsável pela criação de uma ideia de humanitarismo de duas dimensões: uma pelo compartilhamento de características comuns, que trazem a expectativa da universalidade na qual se ancoram demandas por direitos iguais, e outra dimensão de movimento afetivo, de cuidado com o outro e a criação de obrigações assistencialistas. Apesar de o autor se referir a um contexto internacional de práticas intervencionistas e organizações humanitárias (como a organização Médicos sem Fronteiras), proponho pensarmos o debate público referente às audiências de custódia frente ao que nelas ocorre no dia-a-dia.

O autor, quando analisa o debate sobre a AIDS na África do Sul, percebe vários atores importantes no discurso público: o presidente Thabo Mvuyelwa Mbeki, os cientistas ocidentais que querem intervir nas políticas públicas voltadas ao controle da epidemia de AIDS no país, a mídia sul-africana e internacional e ele próprio, como médico e antropólogo. Segundo o autor, as opiniões polarizadas decorriam de interpretações rasas do contexto sul-africano no qual a doença se espalhava, mas a análise desse debate possibilitava relevar os estereótipos que orientavam tais opiniões (Fassin, 2007).

A partir dessa perspectiva contextual, Fassin pode ser útil para pensarmos os diversos atores que integram o debate sobre segurança pública no Brasil, imbricados em lógicas diferentes sobre o que deve ser assumido como política pública. As soluções de construção de mais presídios e penas mais duras, defendidas por alguns atores políticos importantes, como o ex-deputado Eduardo Cunha e a chamada "bancada da bala", se contrapõem aos discursos de direitos humanos e de desencarceramento, de combate à violência policial e de "humanização" do processo penal. Nas audiências de custódia, esses dois movimentos se encontram, principalmente na polarização ideológica que muitas vezes orienta os trabalhos dos promotores públicos, de um lado, e dos defensores públicos, de outro.

Passando do debate público para o debate nas audiências, na dimensão micro, por mais breves que eles sejam, a relativização da violência, do sofrimento e da categoria de "vítima" são mobilizados de formas diferentes, paralelas a esses debates sociais mais amplos. Ora há argumentos do Ministério Público para pedir a prisão provisória, com base na gravidade do crime cometido, que teria causado sofrimento a uma determinada "vítima", retratada como uma "pessoa de bem" ou "trabalhadora". Ora há um argumento da defesa para pedir a liberdade provisória, pois a contenção deve ser a última alternativa possível, por causar extremo sofrimento a quem, eventualmente, pode ser inocente ou, nos casos de violência policial, a quem foi agredido ao ser preso em flagrante e, portanto, deveria ter sua prisão invalidada.

Há, além disso, gradações em relação a esses argumentos. Quanto mais violento o crime pelo qual o custodiado está sendo acusado, mais opostas serão as falas do promotor e da defesa sobre a necessidade da reação policial praticada, ainda que nada tenha sido mencionado sobre isso verbalmente em audiência e apenas conste registrado no auto de prisão em flagrante. A prevalência da palavra da polícia, em relação a esse aspecto, aparece muitas vezes pela *dispensa de argumentação* por parte da promotoria, enquanto é perceptível um esforço argumentativo da defesa para "mostrar ao juiz" outra perspectiva em relação ao ato de contenção praticado. Muitas vezes, nesse argumento da defesa, o motivo de implementação das audiências de custódia é ressaltado como sendo, essencialmente, o de coibir abusos por parte da polícia e que isso não deve ser esquecido.

O caso de Flávio, que havia sido baleado, demonstra bem o contraste entre os argumentos da promotora e da defensora no caso:

> **P:** Meritíssimo juiz, o flagrante está formalmente em ordem, não sendo caso de relaxamento. Trata-se de caso de delito de roubo praticado com emprego de grave ameaça contra pessoa, consistente no uso de uma arma de brinquedo. Está presente a causa de aumento de concurso de agentes. A vítima, que é policial militar, reagiu à ação dos roubadores e alvejou fatalmente o comparsa do averiguado, que pilotava uma motocicleta utilizada por eles. O averiguado foi atingido e socorrido ao hospital. Há reconhecimento pessoal do averiguado por parte da vítima, tratando-se de grave delito, praticado com emprego de grave ameaça contra pessoa. Requeiro à Vossa Excelência a conversão do flagrante em prisão preventiva, para garantia da ordem pública, por entender que as medidas cautelares alternativas à prisão não são adequadas ao caso ora apurado. Só isso, Excelência.
>
> **D:** Meritíssimo juiz, o indiciado Flávio é primário e não ostenta qualquer outro antecedente criminal. Possui apenas 20 anos, informou possuir residência fixa nesta capital e exerce atividade lícita, como agora afirmado nesta audiência de custódia. Suas circunstâncias pessoais, portanto, são bastante favoráveis. Quanto aos fatos, cabe ressaltar que nada foi subtraído da vítima, ao contrário, houve pronta reação, o que lamentavelmente levou à morte de um cidadão e o indiciado aqui presente foi também vítima dos disparos realizados pelo proprietário da motocicleta supostamente abordada. A custódia de Flávio agravará seu estado de saúde, visto que foi vítima de dois disparos de arma de fogo, um atingindo seu braço e outro atingindo sua mão. A sua liberdade certamente contribuirá para a melhora

> do seu estado de saúde. Não há nenhum elemento de que há qualquer risco à ordem pública, visto que Flávio é primário, como destacado, não consta de qualquer outro antecedente criminal. Por entender ausentes os requisitos para a prisão preventiva, postula a Defensoria Pública a concessão da liberdade provisória em favor do indiciado. Destaca-se, como já ressaltado no presente caso, o estado de saúde do presente caso que, uma vez recolhido ao cárcere, não terá condições de buscar o devido atendimento médico. Dessa forma, insiste a Defensoria Pública na concessão de liberdade provisória, tal como aqui postulado. Nada mais, excelência.

A minha intenção não é realizar uma análise de discurso, mas sim destacar que, pela distância argumentativa entre as posições da promotora e da defensora, há a construção de uma disputa de quem teria sido uma vítima: o policial militar que teve sua moto roubada ou Flávio. Ainda que a defesa possa suportar o argumento de que ambos são vítimas, o reconhecimento da vitimização de Flávio parece decisiva quanto ao seu futuro, principalmente como forma de garantir um atendimento de saúde. O status de "vítima", portanto, não importa apenas moralmente, mas desencadeia uma sucessão de acessos a direitos de maneira prática, culminando na decisão quanto à liberdade ou o encarceramento. Nessa disputa, outros conceitos são manipulados, como por exemplo as palavras "tortura" e "maus tratos" para ampliação do entendimento legal que apenas prevê "abuso".

Vejo as audiências de custódia como o encontro de corpos: o corpo da pessoa presa no mesmo ambiente que o corpo do juiz. Entre desconfortos, enfrentamentos e fortes emoções, há um sistema regulatório que sustenta e define como o contato entre esses corpos irá acontecer. Há uma hierarquia muito clara que determina e revela quem manda e quem obedece. Não são corpos iguais que se encontram, mas corpos marcados pelas diferenças sociais que os levaram a ocupar lados diferentes da mesa.

É nessa perspectiva que a reflexão de Judith Butler em *Quadros de Guerra* (2015) é bastante provocativa para pensarmos as percepções entre sujeitos mediadas por quadros interpretativos sobre vidas cujo sofrimento importa e vidas cujo sofrimento não importa. Não são relações entre iguais, principalmente em um ambiente marcado pela divisão de poderes. Para a autora, um corpo não sobrevive sem o reconhecimento de outro que, ainda que não se identifique como seu semelhante, reconheça a sua existência: uma relação de sociabilidade e de sobrevivência (p. 86). Desse ponto de vista, ninguém vive isolado, mas somos todos detentores de vidas "precárias", porque dependemos de os outros nos deixarem viver[91].

A autora vai além quando reflete sobre a capacidade de reconhecermos que a dor dos outros é mediada por uma "comoção não somente nossa", já que somos seres sociais condicionados a sentir apenas determinados sentimentos referentes a determinadas pessoas (p. 81):

> A comoção depende de apoios sociais para o sentir: só conseguimos sentir alguma coisa em relação a uma perda perceptível, que depende de estruturas sociais de percepção, e só podemos sentir comoção e reivindicá-la como nossa com a condição de que já estejamos inscritos em um circuito social de comoção.

Nessa construção social da comoção, identificada por Butler, a mídia tem um papel central, porque o que é midiatizado tem influência direta nessas "estruturas avaliadoras incorporadas" (p. 82). Quando analisa as fotografias da guerra do Iraque que revelaram as práticas de tortura do exército norte-americano comandadas pelo então presidente George W. Bush, a autora coloca em perspectiva uma mudança de opinião de alguns setores a respeito da guerra, afinal os Estados Unidos praticavam ações desumanas que foram reveladas. É "desafiando a mídia dominante" que a interpretação sobre as outras vidas poderia acontecer (p. 83), ou seja, é rompendo os paradigmas prontos dados pelos meios de comunicação que se faz possível enxergar para além do discurso de ódio.

A criação das audiências nesse contexto específico, portanto, se insere também como resultado de pesquisas que apontam uma letalidade tanto provocada quanto sofrida pela Polícia Militar de São Paulo muito acima da média de letalidades policiais em outros países[92]. Como

---

91 Butler utiliza uma versão muito específica do termo "vidas precárias", porque se refere a uma eterna interdependência que temos com os outros, como muito explica ao longo de seu livro *Precarious Life* (Butler, 2004). No livro *Quadros de Guerra*, a autora sintetiza o conceito: "A precariedade implica viver socialmente, isto é, o fato de que a vida de alguém está sempre, de alguma forma, nas mãos do outro. Isso implica estarmos expostos não somente àqueles que conhecemos, mas também àqueles que não conhecemos, isto é, dependemos das pessoas que conhecemos, das que conhecemos superficialmente e das que desconhecemos totalmente. Reciprocamente, isso significa que são impingidas a exposição e a dependência dos outros que, em sua maioria, permanecem anônimos" (p. 31).

92 O 10o anuário do Fórum Brasileiro de Segurança Pública, publicado em 2016, destaca a estatística de que 9 pessoas são assassinadas por dia pela polícia brasilei-

explicado no capítulo I, as discussões públicas sobre a necessidade da implementação das audiências de custódia vinham de setores internos ao Estado, como o relatório da Comissão Nacional da Verdade, até pressões da sociedade civil, que destacavam que o Brasil desrespeitava o Pacto de San José da Costa Rica ao não aplicar a recomendação internacional. Até fevereiro de 2015, no entanto, poucos realmente sabiam do que se tratavam as audiências de custódia, já que esses embates se davam apenas em setores jurídicos da sociedade.

O que proponho é que o *silêncio* das instituições no processo de investigação das agressões é um dos mecanismos de esboçar um sofrimento legitimado pelo Estado. Apesar de serem públicas, as pesquisas sobre os impactos das audiências ainda circulam entre uma determinada classe da população, acadêmica ou militante, que compartilha de textos e ideias semelhantes sobre os modelos de segurança pública. A mídia dominante, aliada com esse silêncio institucional, ainda consegue desviar o debate sobre a violência policial para reforçar que as audiências de custódia seriam mais um elemento que leva à "impunidade".

Retomando a ideia de articulação com o "segredo público", as audiências que se pretendiam reveladoras de um segredo serviriam para desafiar a ideia de transparência do Estado democrático brasileiro. As cifras de violência não seriam mais produzidas por entidades à parte do Estado, mas por ele próprio, na presença dos operadores do Direito responsáveis por suas denúncias, controles e fiscalizações. Ao mesmo tempo, só com a implementação das audiências é que o segredo da violência pode ser ameaçado de fato, uma vez que a possibilidade de pesquisas empíricas que revelem os sistemas de passe-e-repasse podem vir a romper com a naturalização dos procedimentos silenciosos.

É Ergon Bittner, novamente, quem retoma a ideia de criação da força policial como organismo separado dos tribunais: para fazer o trabalho de campo policial, seria difícil manter as premissas observadas no devido processo legal (2003, p. 122). Para o funcionamento do sistema, seria impossível que o policial obedecesse a todas as regras do Estado de Direito, por isso ele deve ter uma grande carga de discricionariedade na sua atuação na prática. Os juízes, dessa forma, só sancionam

---

ra. Disponível em: http://www.forumseguranca.org.br/produtos/anuario-brasileiro-de-seguranca-publica/10o-anuario-brasileiro-de-seguranca-publica e IBCCrim: http://www.ibccrim.org.br/noticia/13905-Em-cinco-anos,-PM-de-Sao-Paulo-mata-mais-que-todas-as-policias-dos-EUA-. Acessos em abril de 2018.

os casos de violência policial em algumas poucas ocasiões por uma "sutileza pedagógica", porque, na verdade, é intencional que a atividade policial aja por outros critérios que não os direitos civis, já que a obediência a eles jamais tornaria possível o exercício do monopólio da força.

No caso das audiências de custódia, do ponto de vista dos operadores do Direito, o "pior" que pode acontecer em termos de reprimenda da atividade policial é o relaxamento do flagrante, ou seja, torná-lo juridicamente inválido e determinar a soltura da pessoa custodiada. O relaxamento é visto como uma sanção aos policiais que realizaram o flagrante, porque não houve o cumprimento dos requisitos mínimos para que a prisão tivesse algum sentido jurídico, ou seja, o boletim de ocorrência não detém os critérios legais de demonstração da materialidade do fato (que um crime teria ocorrido) ou indícios de autoria (que, se um crime ocorreu, teria sido cometido por aquela pessoa)[93].

Segundo Bittner, em um sistema em que o relaxamento do flagrante é a forma de sanção à má atividade policial, não há um controle verdadeiro da polícia por parte do Judiciário, afinal o não prosseguimento de uma investigação não afetará ou transformará a atitude policial que deu ensejo ao flagrante indevido (p. 118). A consequência da criação de mecanismos burocrático-militares, alinhados à falta de controle de fato da polícia pelo Poder Judiciário, é que, além de os limites da atuação policial não serem claros, não existem revisões das condutas consideradas indevidas (p. 129).

No caso das polícias brasileiras, o estudo mais recente de Melina Risso (2018) nos fornece uma pesquisa aprofundada sobre como está desenhada a política pública de abordagem da Polícia Militar de São Paulo, bem como a visão dos próprios policiais sobre seus critérios e sobre a efetividade desse procedimento. A autora primeiro perpassa o debate da literatura internacional sobre o tema, indicando que as abordagens policiais normalmente são tratadas ou pelo questionamento quanto à sua efetividade (capacidade de encontrar armas, drogas, objetos ilícitos e, em última instância, coibir novas práticas de crimes - p. 22), sua desproporcionalidade (perseguição a grupos minoritários - p.

---

93 Hipóteses autorizadoras de prisão preventiva estão previstas no Art. 312 do Código de Processo Penal: "A prisão preventiva poderá ser decretada como garantia da ordem pública, da ordem econômica, por conveniência da instrução criminal, ou para assegurar a aplicação da lei penal, quando houver prova da existência do crime e indício suficiente de autoria".

25) ou sua legitimidade (confiança que a população tem na polícia e o impacto que as abordagens têm no serviço policial mais amplo quando há perda de credibilidade - p. 31).

Nos estudos acadêmicos nacionais, segundo a autora, a abordagem, ora é tratada por sua previsão legal nos estudos do Direito (p. 41), ora se concentra, dentro das ciências sociais, em pesquisas de legitimidade e treinamento das polícias (p. 49). No estudo realizado por ela, com entrevistas qualitativas e acompanhamento da rotina policial em São Paulo, há a conclusão de que os policiais veem a abordagem por dois principais sentidos: o primeiro, que ela chama de prevenção secundária, é uma mescla de sentidos já apontados sobre pesquisas estrangeiras sobre o tema, em que o policial vê a abordagem como ferramenta útil tanto para prevenir crimes quanto para dissuadir a possível prática criminosa, ou seja, ela é capaz de efetivamente identificar e impedir o crime (p. 169); o segundo, como uma forma de controle social, tanto para que aumente o nível de onisciência do policial (o conhecimento sobre quem é quem), quanto para a vigilância do criminoso, já que, na percepção da polícia, a reincidência é muito provável e o "criminoso é facilmente identificável" para os policiais que possuem experiência (p. 170).

Apesar de a pesquisa de Risso não tratar da violência policial, a conclusão a que ela chega sobre as táticas de abordagem na visão da PMSP são elucidativas (p. 171):

> O critério de fundada suspeita utilizado pelo policial é pouco objetivo e bastante sujeito a erros. Porém, em uma política de prevenção secundária e controle social ampliada, o conceito de "erro" não existe. Qualquer abordagem serve a seu propósito. Da maneira como os sentidos da política são percebidos pelo policial na ponta da linha, todo e qualquer resultado da política de abordagem é positivo. Estes sentidos suprimem os impactos negativos que a política de abordagem pode gerar. Além disso, os policiais não identificam que a política pública produz e comunica outros sentidos que não apenas aquele pretendido na formulação objetiva.

Por essa perspectiva, o policial militar que realiza abordagens, ainda que não encontre nada de criminoso com a pessoa abordada, não errou; muito pelo contrário, ainda contribuiu para a percepção do público de que a polícia está realizando seu trabalho. As audiências de custódia, nesse sentido, são as abordagens que mais justificam o trabalho do policial, porque com essas pessoas houve a identificação de uma prática criminosa em flagrante. A meu ver, os altos números de custodiados apresentados reforça a percepção de que a polícia sabe o que está fazendo e que existe um conhecimento técnico e especializado que os diferencia dos civis. Essa percepção, compartilhada pelos operadores do Direito, faz com que a atividade da abordagem em si seja pouco questionada e criticada e que, ainda que o flagrante na audiência de custódia seja relaxado, ele ainda assim contribuiu de alguma forma para o trabalho da polícia porque trouxe mais conhecimento e dissuadiu outras práticas criminosas.

Além da utilidade da abordagem, independentemente do relaxamento, a criação de novas burocracias para lidar com a violência policial também revela um mecanismo de passe-e-repasse entre as instituições que não assumem a responsabilidade pelo controle da ação dos policiais e que acabam por reforçar que essas práticas são legitimáveis. As audiências se transformam em mero procedimento para a gravação de um vídeo, depois há o exame do IML, então o encaminhamento ao DIPO 5, à Corregedoria, etc. Na prática, as instituições se manifestam como se estivessem cumprindo todos os papeis a elas designados, mas não assumem publicamente quem está cuidando do caso ou quais medidas estão sendo tomadas.

Allen Feldman, quando analisa os processos de normalização de violência, ressalta a "indiferença burocrática" com as quais as políticas e programas destinados a combater a violência acabam por operar na prática (Feldman, 2000, p. 239). Nesse processo, as instituições criadas aplicam à violência conceitos "legais, médicos e outras categorias técnicas que pesam sobre a experiência social e individual" (idem). Com isso, a experiência individual se vê reduzida a um procedimento burocrático que neutraliza a violência, como por exemplo o que acontece com o exame do IML e os ofícios às Corregedorias de Polícia.

Proponho aqui uma reflexão no sentido que Veena Das e Deborah Poole chamam de "margens do Estado", quando compilam etnografias que desafiam as concepções de falência estatal em regiões que lidam com dicotomias como legalidade e ilegalidade, periferia e centro, público e privado (Das & Poole, 2008). Segundo as autoras, no capítulo introdutório da coletânea, publicada originalmente em 2004, o sentido weberiano de monopólio estatal do uso da força é invocado para justificar medidas de violência extralegais, já que o Estado sanciona medidas de violência para justificar que, paradoxalmente, é ele quem detém o monopólio (p. 22). Apesar de os ensaios se concentrarem em territórios fronteiriços ou de conflitos estatais declarados (desde os paramilitares colombianos como populações peruanas), acredito que o modelo das margens pode nos servir para pensar na forma com que as audiências de custódia são a representação de um discurso legitimador do monopólio da violência do Estado, ao mesmo tempo que busca impor limites a esse monopólio.

A primeira característica dessas margens, segundo as autoras, são as "tecnologias de poder" utilizadas por esses Estados para pacificar essas populações e, em certo sentido, convertê-las em sujeitos de lei (p. 24). No caso das audiências de custódia, essa conversão do sujeito fora da lei poderia ser vista como a própria aplicação da pena de prisão que, curiosamente, são chamadas de "*conversão* da prisão em flagrante em prisão provisória". A prisão, como medida última do sistema de justiça, tem como efeito o isolamento de pessoas que não obedecem às regras sociais e que ficarão sob a custódia do Estado para que possam ser reintegradas. As audiências são o momento do encontro do aparato estatal com os sujeitos que romperam com essas regras e, por isso, são expressão de uma margem última, a ponta de um *penhasco*, entre a vivência de liberdade e a vivência dentro desse Estado prisional.

A segunda característica para a compreensão de margem é a dicotomia entre legalidade e ilegalidade (p. 24). Segundo as autoras, não é verdade que as práticas de ilegalidade desconstituem ou em certa medida prejudicam o Estado, pois as pesquisas demonstram que as práticas ilegais também constroem as noções de Estado vivenciadas por populações que tentam compreender as regulações e as leis, fazendo parte do dia-a-dia da relação entre sujeitos e o Estado (ibidem). Ora, as audiências de custódia são justificadas politicamente pelo próprio reconhecimento do cometimento de ilegalidades: as violências policiais constroem e justificam a criação de mecanismos de combate e controle do Estado, colocando em xeque a ideia de que essas práticas estariam *fora* da compreensão do Estado, e, ao mesmo tempo, tampouco estão *dentro*, já que são consideradas práticas ilegais da atividade policial.

A terceira característica é a experiência de poder vivenciada não só em territórios, mas nos corpos de indivíduos, de onde surgem conceitos como biopoder e biopolítica (p. 25). A partir dessa característica, a medicina principalmente é usada como disciplina que cria comportamentos "patologizantes", que fogem ao que é considerado normal. No caso das audiências, a experiência corporal aparece desde a justificativa pública de que a presença do *corpo* do custodiado seria capaz de alterar a decisão dos operadores do Estado, até o resultado do IML que, feito por um médico que trabalha da Polícia Civil, passa a ser o documento que comprova ou não a existência de violência policial. Em última análise, é a medicina que vai decidir os próximos passos desse Estado-investigador, já que os procedimentos das Corregedorias de Polícia tendem a arquivar os relatos de violência que não constataram lesões físicas, dotando de grande poder o laudo produzido.

A partir dessa caracterização, as violências policiais e a relação que elas possuem com a criação das audiências estão nas *margens* de um Estado que, embora justifique a criação de uma política pública com o reconhecimento de que há irregularidades no exercício da força, tampouco fornece regulações claras sobre o que deve ser feito a partir da constatação da violência. O "dentro" se faz pelo contexto e pela regulação jurídica do procedimento, no fórum, com o Poder Judiciário a postos, avaliando flagrantes policiais formalizados nas delegacias e obedecendo ao rito processual. O "fora" se faz pela escuta seletiva, pelo silêncio, pela desconfiança, por falta de mecanismos de investigação, pelo Estado que cria novas burocracias quando percebe seus limites institucionais para controle da atividade policial na rua[94].

Na ponta dessa margem estão os operadores do Direito, que não estavam acostumados a serem diretamente "confrontados com a realidade da rua", no sentido de que agora passam a participar de uma audiência que os aproxima, de forma intensa, da realidade do momento do flagrante, antes narrado nos documentos. O acordo tácito que rege o funcionamento do sistema de justiça é colocado em avaliação, principalmente quanto ao trabalho da polícia, que até então não passava por essa forma de escrutínio, com um direito de defesa presencial e imediato. Os operadores, e principalmente o juiz, são quase como que colocados na cena do crime, dado o imediatismo dos flagrantes. Eles são rapidamente transportados para uma situação de abordagem que aconteceu horas antes e que estão ainda muito vivos nas cabeças dos custodiados. Esse exercício de deslocamento, muitas vezes desconfor-

---

94 Para aprofundar a noção de margem proposta por Das e Poole, seria necessário estudar os impactos que a criação das audiências teve e tem na percepção dos operadores, cujas rotinas foram diretamente alteradas, desde os policiais que realizam as abordagens, até esses mesmos operadores que participam das audiências. Acima de tudo, a vivência das pessoas submetidas a essa nova forma de controle só pode ser completamente compreendida com a escuta atenta das pessoas presas em flagrante, pesquisa que não me foi permitida realizar. Nesta dissertação, procurei exercer esta escuta através do acompanhamento pessoal nas audiências e nas relações entre falas e silêncios que ali aconteciam.

tável, é um novo encontro entre o trabalho da polícia e o Judiciário, com o custodiado como personagem intermediador.

Nesse sentido, Carla, Robson, Luana, Danilo e Flávio são pessoas que, uma vez submetidas às audiências de custódia, têm suas vidas burocratizadas nessas margens, que, note-se, já existiam de outras formas. Independentemente do prosseguimento do processo penal, durante poucos minutos as suas vidas e as possíveis violências a que foram submetidos são reduzidos a outros documentos e procedimentos. As audiências, que tinham como objetivo dar voz aos presos em flagrante, permitir empatia entre os operadores e os presos, reduzir o número de prisões provisórias e revelar o cenário de violência policial, não rompem com o sistema, que já era aplicado antes de fevereiro de 2015. Pelo contrário, essa nova dinâmica expõe interações entre operadores e custodiados que antes eram intermediadas pela mesma burocracia. As percepções de sofrimento são submetidas a uma nova relação, permeada de novos olhares, porém com falas e formas de legitimação e merecimento já conhecidas.

CONCLUSÃO

Considero a conclusão deste trabalho uma tentativa de sistematizar as ideias abordadas ao longo dos capítulos, bem como o oferecimento de algumas reflexões sobre o que se espera das audiências de custódia em São Paulo. Não pretendo fazer "futurologia", porém acredito que, no esforço de condensar experiências, deve haver a expectativa de oferecer algo a ser pensado em conjunto e em perspectiva. Tanto os operadores do Direito, quanto acadêmicos, militantes de direitos humanos, juristas e antropólogos compromissados com a melhoria do sistema de justiça criminal enfrentam dilemas relativos a como reformar um sistema permeado de desigualdades e violências.

Gostaria, portanto, de propor quatro pontos de conclusão-debate. Apesar de ter utilizado categorias nominativas (conclusão *acadêmica*, *política*, *jurídico-antropológica* e *moral*, respectivamente), não pretendo oferecer ideias estanques, pois compreendo que a complexidade dos temas "borra" essas barreiras conceituais. Meu esforço de nominá-las é somente para privilegiar pontos de vista, quase que de forma didática, para organizar as diferentes reflexões que o campo pôde (e pode) oferecer.

A primeira conclusão, que chamarei de *acadêmica*, é sobre o potencial impacto das ciências sociais na área do Direito, para revelar uma vivência *para além das instituições*. Acreditando na perspectiva apresentada por Fassin (2014), de que o relato etnográfico é poderoso porque revela essas transposições dos discursos para o dia-a-dia, os relatos das audiências são reveladores das polarizações sobre segurança pública, que transpassam as instituições, o Estado e as políticas públicas e se fazem presentes nas reações, nas palavras e nas atitudes dos envolvidos nas audiências de custódia. Nesse sentido, a Antropologia tem a responsabilidade de "levar seus interlocutores a sério", não só como informantes do contexto estudado, mas como sujeitos que vivem suas vidas e que são afetados por esses cotidianos (Fassin, 2008).

O olhar antropológico pode ajudar na reflexão sobre como nossas sociedades constroem noções de sofrimento e como políticas públicas podem ser justificadas por argumentos morais, como "proteção da ordem pública". Retomando a discussão do item 1 do capítulo II sobre o ir e vir hermenêutico e o papel político do antropólogo, é função também da Antropologia observar como conceitos naturalizados dentro do Direito servem como indicadores políticos sobre, por exemplo, quem são as pessoas cujas violências podem ser legitimadas.

A segunda conclusão, que chamarei de *política*, é o reconhecimento da importância da transparência do sistema de justiça criminal. Tanto esta pesquisa como muitas outras citadas ao longo deste trabalho só foram possíveis porque as audiências de custódia puderam ser pessoalmente acompanhadas por pesquisadores. Essa publicidade, no meu caso, todavia, era limitada por conta da estrutura do Fórum Criminal da Barra Funda, em que apenas advogados podem entrar no período da manhã. Colegas que não possuíam a credencial da Ordem dos Advogados do Brasil não podiam acompanhar as audiências antes do meio-dia. Aqueles que enfrentam as longas filas que se formam para o público comum podem ter certa dificuldade de acessar as audiências, caso não se identifiquem como estudantes de algum curso de graduação em Direito ou estagiários de escritórios de advocacia, da mesma forma que familiares de presos são barrados por funcionários do fórum, sem previsão legal[95].

Ainda que as restrições existam, a possibilidade de acompanhar presencialmente procedimentos antes feitos dentro das salas dos operadores, sem publicidade alguma, é um passo rumo à transparência do Poder Judiciário. O próprio CNJ, que assinou o termo de cooperação com o IDDD, se manteve favorável ao monitoramento das audiências por parte da sociedade civil, que, de certa forma, também realiza um tipo de controle da atividade jurisdicional, ainda que sem a possibilidade de aplicar reprimendas formais ou sanções diretas. Mecanismos

---

95 Conforme comentado na Apresentação deste livro, o acesso às audiências mudou sensivelmente desde a troca de gestão do DIPO em 2018. Agora, deve haver a autorização de algum juiz até para que pesquisadores e estudantes possam ter acesso às salas de audiência. Uma colega chegou a relatar que, em uma ocasião, um juiz da audiência pediu os documentos das pesquisadoras e tirou cópias, em uma clara tentativa de intimidação do trabalho que realizavam.

pró-transparência, como o trabalho realizado pela Ouvidoria da Defensoria Pública do Estado de São Paulo, também indicam uma preocupação política de dar mais credibilidade e legitimidade às políticas judiciais.

Em pesquisa conduzida pela Secretaria de Assuntos Legislativos do Ministério da Justiça, identificou-se a incongruência de um sistema que privilegia a pena privativa de liberdade, notadamente de caráter punitivo, com a falta de coordenação e controle sobre as suas próprias atividades (Machado & Machado, 2009). A falta de transparência dos procedimentos das Corregedorias de Polícia e do próprio funcionamento do DIPO 5 é um dos sintomas de uma escolha institucional sobre qual violência se prioriza combater: a suposta violência dos indivíduos, presos em flagrante e conduzidos às audiências, é considerada mais importante e enseja mais controle do que a violência cometida pela polícia, que é naturalizada e legitimada[96].

Ao mesmo tempo, é somente com o aparelhamento dos órgãos de controle e com o fortalecimento do papel da sociedade civil que a construção de uma crítica sólida aos modelos de justiça criminal pode ganhar expressividade. O *segredo público* sobre a violência policial não pode ser enfrentado sem a construção de uma agenda de transparência que compreenda todas as instituições, desde aquelas vinculadas ao exercício da atividade policial, até as ligadas, por exemplo, ao trabalho dos promotores de justiça, que permanecem silentes, mesmo diante da obrigatoriedade constitucional de controle da atividade policial.

A terceira conclusão, a meu ver *jurídico-antropológica*, é que as audiências de custódia precisam ser repensadas criticamente quanto à capacidade de modificação da estrutura conivente com violências policiais em prisões em flagrante em São Paulo. A contraposição *presença física do custodiado x menção da pessoa em documentos* resume em excesso a complexidade de um sistema de justiça que parece não ser capaz de se transformar radicalmente com a presença da pessoa presa. Como dito no item 4 do capítulo IV, as audiências de custódia são o *penhasco* que separa a "liberdade" da "prisão", mas está sustentada pela mesma estrutura que estavam os procedimentos escritos. Assim, essa contraposição não existe, já que as audiências também ensejarão criações de procedimentos e novos documentos, adicionando novas

---

96 Desde a extinção do procedimento de envio dos relatos ao DIPO 5, este ponto ficou ainda mais sensível. Hoje, o Judiciário não tem mais o controle de nenhum dos ofícios que são enviados às Corregedorias ou diretamente à Justiça Militar.

burocracias e não necessariamente "corrigindo" percepções quanto à necessidade da prisão.

Assim, essa falsa contraposição entre a presença física e os documentos acontece nas *margens* do Estado. Os elementos que compõem a prática das audiências são variados: a escuta seletiva dos operadores do Direito, os *silenciamentos* que ocorrem pela falta de perguntas detalhadas sobre a violência policial no momento da prisão em flagrante e a desconfiança que paira sobre os relatos dos custodiados e sobre quem são as *verdadeiras vítimas*. Além de todos estes aspectos, a inércia das instituições nas investigações da violência policial agora se vê transformada em experiências de humilhação que acontecem na frente das pessoas custodiadas. Seria esse resultado um *acidente* diante da promessa da criação de uma "nova fase processual"?

O jurista Salo de Carvalho analisa o processo penal em relação às formas como os inquéritos policiais são construídos:

> A utilização do processo penal como efetiva (antecipação de) pena contra os grupos vulneráveis criminalizados e os autores de *obras toscas da criminalidade* fornecem elementos para a compreensão da patologia do grande encarceramento brasileiro, seja em relação ao alto número de prisões cautelares, inclusive em casos de delitos praticados sem violência, seja em decorrência de condenações criminais. Além disso, igualmente possibilita formas de compreensão do (ab)uso de métodos ilegais para a construção da prova, especialmente na fase policial, seja através da violação dos procedimentos formais estabelecidos pelas normas processuais (buscas e apreensões, interceptações telefônicas e prisões sem autorização judicial), seja pelo uso brutal da força física e pelo abuso da autoridade (torturas, ameaças, extorsões). [grifo no texto original] (CARVALHO, 2010).

As peças que constituem o processo e a composição das audiências fazem parte do que Foucault chamaria de "práticas judiciárias", formas pelas quais a nossa sociedade definiu as relações entre o homem e a verdade (Foucault, 2013). Para o autor, "o Direito Penal é o lugar de origem de um determinado número de formas de verdade" (p. 21). A linguagem poderosa do Direito é capaz de trazer para o campo das verdades todas as ilegalidades que admite ao longo da sua formulação, como ressaltado por Salo de Carvalho no trecho acima. É por esse aspecto que as escutas seletivas e os silêncios, como formas de violências institucionais, são componentes das produções de verdade dentro do Direito Penal, tanto por integrarem, na prática, o cotidiano das audiências de custódia, como por não serem questionadas como problemas, ou seja, fazem parte dessas verdades e se ajustam a elas.

As audiências de custódia, dessa forma, dificilmente seriam um "oásis" diante das práticas a que se acostumam os operadores do Direito ao longo de toda a sua formação e atuação. O principal desafio, a meu ver, está no fato de as audiências de custódia proporem aos profissionais do sistema de justiça criminal que, em certa medida, encarem e desnaturalizem violências perpetradas pelo Estado para o qual trabalham. A educação e a prática que é exigida desses profissionais se faz por hierarquias rígidas, o que significa dizer que a transformação do flagrante em encontros pessoais não necessariamente é capaz de desfazer todo o sistema de poderes que sustenta a própria existência dessas violências e mesmo das audiências. Enquanto o debate público disputa que a pessoa agredida pela polícia também é uma vítima, na prática das audiências essa disputa ganha um rosto, um caso, um crime, um machucado, uma história e, geralmente, vítima é quem foi, a princípio, vitimado por quem foi preso em flagrante, independente de se tal prisão ocorreu ou não dentro dos limites estabelecidos por lei.

Se o objetivo da criação das audiências era o de dar visibilidade aos casos de abuso no momento do flagrante, a partir da constatação de que isso não era possível pelo procedimento anterior, a não efetividade desse novo instrumento pode ser interpretado como a confirmação da aceitação sistemática das violações praticadas pela polícia. As audiências, nesse sentido, são a justificação *a posteriori* de uma prática violenta da polícia que, apesar de ser tratada como ilegal, é legalizada diante da inércia dos mecanismos de investigação e dos *silenciamentos* do sujeito agredido. Para aqueles que têm a coragem de relatar uma violência policial, há a desconfiança e a falta de clareza sobre a continuidade do procedimento; para aqueles que silenciam, há o reforço de que o Estado não o enxerga como vítima; para aqueles que chegam à situação extrema da hospitalização, há a realização de uma "audiência fantasma", que supre a necessidade do relato.

Dessa forma, não só as audiências são parte do mesmo sistema que já existia antes, como elas adicionam mais uma etapa de produção de verdades jurídicas que serão reproduzidas ao longo do processo penal. O fato de que a pessoa passou por uma audiência de custódia e "ainda assim" teve sua prisão decretada, parece tornar mais difícil questionar juridicamente essa decisão, pois o rito processual foi obedecido e a prisão formalmente justificada. Ainda que o CD com o áudio e a imagem da audiência não seja consultado pelo juiz que receberá o processo na vara criminal, a força moral que essas audiências produzem tornam quase impossível que a prisão que delas resultar seja revista por outro juiz e, nos casos em que a defesa apresenta um *habeas corpus* diante do tribunal estadual, a apresentação em audiência de custódia já elimina diversos argumentos jurídicos porque há a presunção de que houve uma escuta e uma decisão razoável por parte do juiz da custódia.

Ao mesmo tempo, não podemos descartar a possibilidade criativa de mecanismos que prezam pela apresentação pessoal, em substituição aos papeis, na tentativa de tornar o processo "humanizado". Apesar de as conclusões do trabalho, até aqui, soarem pessimistas quanto às práticas concretas das audiências, há algo de diferente que acontece na interação pessoal que não pode ser desprezado. Nesse sentido, proponho uma quarta conclusão-debate, que a meu ver é "mais" *moral*: o esforço para que se opere uma transformação social no modo de entender os limites da violência policial deve se dar pela construção do reconhecimento do sofrimento do Outro.

O compromisso político-público do Poder Judiciário em capacitar todos os profissionais ligados à audiência de custódia para atuarem de forma crítica, tornando-os capazes de perguntar e escutar relatos de violência, é de uma urgência inegável. Esses profissionais não foram, em nenhum momento, preparados para atuar como vetores de compreensão da violência. Isso não significa uma capacitação técnica profunda nas áreas de psicologia, medicina ou de assistência social (não se trata de incorporar outras disciplinas ao discurso jurídico), mas de promover formações que sejam, realmente, *humanitárias*, já que esse seria o objetivo do encontro entre custodiados e profissionais do sistema de justiça criminal.

As experiências de escuta podem modificar comportamentos técnicos-jurídicos. Juízes, promotores e defensores não podem se distanciar demais dos padrões de interpretação das suas instituições, tampouco podem ser desumanizados e considerados apenas porta-vozes de um Direito abstrato que paira sobre todos nós. São seres humanos que possuem todas as condições de aprender novas formas de interação, que não têm a pretensão de destruir ou mesmo abalar o procedimento jurídico, mas que podem ser complementares em um esforço de tornar o devido processo legal mais aberto para discutir as violências da polícia.

Segundo o autor Arthur Kleinman, a violência estrutural não só marca contextos sociais, como também transforma modos de ver o mundo e nos vermos no mundo; é uma forma "existencial" de subjetividade e de experiência pessoal (Kleinman, 2000, p. 238). A violência não pode ser apenas compreendida como algo que ocorre no mundo externo, e a etnografia consegue relatar as diferentes formas como, no cotidiano, as pessoas são afetadas moralmente pela violência (idem, p. 226). Os operadores do sistema de justiça criminal, se puderem refletir sobre suas práticas como participantes desses modelos estruturais violentos, talvez possam encontrar novas formas de distinguir teorias institucionais de suas práticas cotidianas, responsabilizando-se pelo modo como agem *presencialmente* diante de pessoas presas.

Essa responsabilização moral por parte dos operadores alinha-se com a minha primeira conclusão-debate apresentada aqui, pois está ligada ao potencial impacto que as ciências sociais podem causar para uma autorreflexão pessoal dos seus interlocutores. Esse ponto é importante principalmente agora, dada a mudança que as audiências de custódia em São Paulo sofreram nos meses que antecederam a publicação deste trabalho. A troca da equipe da corregedoria do DIPO fez com que as taxas de prisão em flagrante em prisão provisória subissem de 53%, à época em que eu fiz meu trabalho de campo[97], para 65% em 2018, depois da troca de gestão, conforme mencionado na Apresentação deste livro[98]. Diversas reportagens direcionaram as críticas para a nova gestão do DIPO[99] que assumiu o cargo que, até 2017, era ocupado por um "juiz progressista", que, inclusive, permitiu a realização de minha pesquisa. Essa nova gestão, com posições polêmicas, recolocou as audiências de custódia no centro de um debate sobre as suas funções e alcances limitados[100].

---

97 Estatística geral do Relatório do IDDD, p. 26.

98 "O Fim da Liberdade", Relatório do Instituto de Defesa do Direito de Defesa (IDDD), São Paulo, 2019, p. 85.

99 As posições ideológicas da nova juíza corregedora do DIPO foram objeto de duas entrevistas com ela, realizadas em janeiro de 2018, pela Folha de São Paulo e pelo portal de notícias jurídicas Conjur: "Todo traficante, mesmo o menor, trabalha para o PCC, diz juíza corregedora", Folha de São Paulo, disponível eletronicamente em: https://www1.folha.uol.com.br/cotidiano/2018/03/todo-traficante-mesmo-o-menor-trabalha-para-o-pcc-diz-juiza-corregedora.shtml . Acessado em abril de 2018; ""Não aplico o princípio da insignificância, porque não está previsto em lei", Portal Conjur, disponível eletronicamente em: https://www.conjur.com.br/2018-fev-18/entrevista-juiza-patricia-alvarez-cruz-chefe-dipo-sp. Acessado em abril de 2018.

100 Nos portais de notícias jurídicas, as matérias tenderam para uma crítica quanto à mudança repentina nos números de prisões em flagrante do DIPO. "Alto índice de prisão em audiência de custódia em São Paulo alarma juristas", Portal Justificando,

A meu ver, esses novos números de prisões revelam o quão frágil pode ser uma política pública implementada de forma isolada. A personificação das audiências de custódia, que começou com a presença forte do então presidente do STF e do CNJ, Ministro Ricardo Lewandowski, estendendo-se até o juiz corregedor do DIPO, se mostraram insuficientes para garantir que a justificativa primeira de sua criação fosse mantida, ou seja, que houvesse redução das prisões provisórias. A isso também se alinha a já mencionada falta de clareza nos critérios de nomeação dos juízes do DIPO, abordado no capítulo I, uma vez que a mudança também se estendeu para a troca de todos os nove juízes que antes realizavam as audiências na capital[101].

O que se sabe até agora é que essa troca teve um impacto significativo nos relatos de violência, porque se tornaram ainda mais escassos e deixaram de ser perguntados pelos juízes. Quando muito, aparecem nas perguntas da defesa, com a finalidade de alegar irregularidade na prisão. A publicação da Lei 13.491, como mencionado no item 4 do capítulo I, já retirou qualquer participação do Poder Judiciário do acompanhamento dos procedimentos de violência policial relatados nessas audiências, deixando-o completamente entregue à Justiça Militar ou à Corregedoria da Polícia Civil.

Olhando de forma crítica não só a justificativa legal do Provimento n. 03/2015, como todas as consequências de silenciamento institucional sobre os relatos de violência em audiências de custódia, é impor-

---

disponível eletronicamente em: http://justificando.cartacapital.com.br/2018/01/12/alto-indice-de-prisao-em-audiencia-de-custodia-em-sao-paulo-alarma-juristas/. Acessado em janeiro de 2018; "Há um escândalo em curso nas audiências de custódia em São Paulo", Portal Justificando, disponível eletronicamente em: http://justificando.cartacapital.com.br/2018/01/12/ha-um-escandalo-em-curso-nas-audiencias-de-custodia-em-sao-paulo/. Acessado em abril de 2018; "Prisão preventiva de 90% das prisões em flagrante: conta atinge ares de escândalo", Portal Justificando, disponível eletronicamente em: http://justificando.cartacapital.com.br/2018/01/11/prisao-preventiva-de-90-das-prisoes-em-flagrante-conta-atinge-ares-de-escandalo/. Acesso em abril de 2018.

101 Com o argumento sobre a falta de clareza do Poder Judiciário para nomeação de juízes, a Defensoria Pública do Estado de São Paulo realizou uma representação formal contra a juíza corregedora, no CNJ, pedindo a sua destituição do cargo. "Defensoria Pública do Estado de São Paulo pede cassação de designação de juízes do DIPO", Portal Conjur, disponível eletronicamente em: https://www.conjur.com.br/2018-fev-18/entrevista-juiza-patricia-alvarez-cruz-chefe-dipo-sp https://www.jota.info/justica/defensoria-publica-do-estado-de-sp-pede-cassacao-de-designacao-de-juizes-do-dipo-22022018. Acessado em abril de 2018.

tante reconhecer que ficou clara que a intenção real de implementação dessas audiências era a de contenção da superlotação do problema carcerário paulista pela redução da prisão provisória. Uma vez instituídas, o Tribunal de Justiça de São Paulo *reaproveitou* uma estrutura pré-existente e tentou criar um novo mecanismo de apuração de relatos de "abusos", sem padrões e procedimentos claros e sem a capacitação dos profissionais para essa identificação – essa não era uma prioridade e nem se tornou uma ao longo dos anos. A ocorrência das "audiências fantasmas" é a maior demonstração do quão periférica a discussão da violência estava na pressa da implementação das audiências.

Com isso, sugiro que há algo que vai além das instituições e pode impactar de forma significativa a condução das audiências de custódia. A dimensão moral envolvida nos relatos de violência e o compromisso dos operadores do sistema de justiça criminal para com a construção de um sistema que não admite a tortura e os maus tratos policiais, com a necessária ampliação do conceito de "abuso" empregado pelo texto legal, depende de uma percepção do sofrimento do Outro que não seja limitada ao passe-e-repasse criado no Fórum Criminal da Barra Funda. Os procedimentos que burocratizam a violência são formas reinventadas de silenciar vivências e de reforçar quem são as aceitáveis vítimas.

REFERÊNCIAS BIBLIOGRÁFICAS

ADORNO, Sérgio. *Crime, justiça penal e igualdade jurídica: os crimes que se contam no tribunal do júri*. Revista USP – Dossiê Judiciário, n. 21: p.133-151, 1994.

————. "Monopólio estatal da violência na sociedade brasileira contemporânea". In: MICELI (org.) *O que ler na ciência social brasileira 1970-2002*. ANPOCS, São Paulo: Sumaré; Brasília: Capes, 2002.

————. *Discriminação racial e justiça criminal em São Paulo*. Novos Estudos, São Paulo: CEBRAP, n. 43, p.45-63, nov. 1995.

ALMEIDA, Vera Ribeiro de. *Exame da categoria "paridade de armas", sob a perspectiva antropológica*. Trabalho apresentado na 29ª Reunião Brasileira de Antropologia, realizada entre os dias 03 e 06 de agosto de 2014, Natal/RN.

AMORIM, Maria Stella de; KANT DE LIMA, Roberto; MENDES, Regina Lúcia Teixeira (Org). *Ensaios sobre a igualdade jurídica: acesso à justiça criminal e Direitos de cidadania no Brasil*. Rio de Janeiro: Lumen Juris, 2005, Introdução.

BARRETO, Fabiana Costa Oliveira. *Flagrante e prisão provisória em casos de furto: da presunção de inocência à antecipação de pena*. São Paulo: IBCCRIM, 2007.

BITTNER, Egon. *Aspectos do Trabalho Policial*. São Paulo, Editora da Universidade de São Paulo, 2003

BOHANNAN, Paul. "A Antropologia e a Lei". In: *Panorama da Antropologia*. São Paulo: Editora Fundo de Cultura, 1966.

BOURDIEU, Pierre. "A força do Direito: elementos para uma sociologia do campo jurídico". In: BOURDIEU, Pierre. *O Poder Simbólico*. Rio de Janeiro, Bertrand Brasil, p. 209-254, 1989.

BUTLER, Judith. *Bodies that matter*. New York, Routledge, 1993.

————. *Precarious Life: The Powers of Mourning and Violence*. London: Verso, 2004.

————. *Quadros de Guerra: quando a vida é passível de luto?* Editora Civilização Brasileira, 2015.

CARLOS, Juliana. (Coord.) *Prisões em flagrante na cidade de São Paulo*. Instituto Sou da Paz: São Paulo, 2012.

CARVALHO, Salo. *O papel dos atores do Sistema Penal na Era do Punitivismo*. Lúmen Juris. Rio de Janeiro, 2010.

CHIESA, Carolina Dalla; FANTINEL, Letícia Dias. *"Quando eu vi, eu tinha feito uma etnografia": notas sobre como não fazer uma "etnografia acidental"*. VIII Encontro de Estudos Organizacionais da ANPAD, 2014. Disponível em: http://www.anpad.org.br/diversos/trabalhos/EnEO/eneo_2014/2014_EnEO48.pdf.

CLASTRES, Pierre: "Da Tortura nas sociedades primitivas" in *A Sociedade contra o Estado*, Rio de Janeiro, Francisco Alves, 1978.

CONLEY, John M. and O´BARR, William M. *Hearing the Hidden Agenda: The Ethnographic Investigation of Procedure*. Law and Contemporary Problems, Vol. 51, No. 4, Empirical Studies of Civil Procedure, Part 2 (Autumn, 1988), pp. 181-197 Published by: Duke University School of Law Stable URL: http://www.jstor.org/stable/1191889. Acessado em maio de 2018.

CORRÊA, Mariza. *Morte em família; representações jurídicas de papéis sexuais*. São Paulo: Graal, 1983.

―――. *Os crimes da paixão*. São Paulo: Brasiliense, 1981.

DAS, Veena. *Life and Words: Violence and the descent into the ordinary*. Berkeley: University of California Press, 2007.

DAS, Veena; POOLE, Deborah. *Anthropology in the Margins of the State*. Santa Fé, Oxford: School of American Research Press/ James Currey, 2004.

DEBERT, Guita Grin. *Desafios da politização da Justiça e a Antropologia do Direito*. Revista de Antropologia, São Paulo, v. 53, n. 2, 2012.

DIAS, Camila Caldeira Nunes. *Estado e PCC em meio às tramar do poder arbitrário das prisões*. Tempo Social, revista de sociologia da USP, v. 23, n. 2, 2011.

FABIAN, Johannes. *O Tempo e o Outro: como a antropologia estabelece seu objeto*. Jardim Duarte, Petrópolis, Rio de Janeiro. Vozes, 2013.

FASSIN, Didier. *Humanitarian reason. A moral history of the present*. Berkeley and Los Angeles: University of California Press, 2012.

―――. *A companion to moral anthropology*. Wiley & Sons, 2012.

―――. *Beyond good and evil?: Questioning the anthropological discomfort with morals*. Anthropological Theory, 2008.

―――. *Enforcing order: an ethnography of urban policing*. Polity Press, 2013.

―――. *When Bodies Remember: experiences and politics of AIDS in South Africa*. University of California Press, Berkeley, 2007.

FELDMAN, Allen. *Archives of the insensible: of war, photopolitics and dead memory*. University of Chicago Press, 2015.

FERREIRA, Enio Luciano Targino; DAMÁZIO, Israel Nascimento; AGUIAR, Jobson Machado. *Fatores Estimuladores da Sensação de Insegurança e a Valorização Midiática*. Revista ordem pública e defesa social - v. 4, No. 1 e 2, semestre i e ii, 2011.

FERREIRA, Marco Aurélio Gonçalves. *Contrastes e confrontos: a presunção de inocência e as garantias do processo penal em perspectiva comparada*. Tese de Doutorado em Direito, Universidade Gama Filho, 2009.

FOUCAULT, Michel. *A verdade e as formas jurídicas*. Rio de Janeiro: NAU Editora, 2013.

GARLAND, David. *The Culture of Control: Crime and Social Order in Contemporary Society*. University of Chicago Press, 2001.

GEERTZ, Clifford. "O saber local: fatos e leis em uma perspectiva comparativa". In: *O Saber Local: novos ensaios em Antropologia interpretativa*. 8. ed. Petrópolis: Vozes, 2006.

————. *Obras e vidas: o antropólogo como autor*. Rio de Janeiro: UFRJ, 2005.

GOFFMAN, Erving. *Manicômios, Prisões e Conventos*. Tradução de Dante Moreira Leite. 7ª edição. São Paulo: Editora Perspectiva, 2001.

————. *Estigma: la identidad deteriorada*. 5. ed. Buenos Aires: Amorrortu Editores, 1993.

GREGORI, Maria Filomena. *Cenas e queixas: Um estudo sobre mulheres, relações violentas e a prática feminista*. São Paulo: Paz e Terra/Anpocs, 1993.

HAAG, Carlos. *A justiça da impunidade*. Revista Fapesp, Ed. 209, 2013.

INGOLD, Tim. *Anthropology is Not Ethnography*. Procedings of the British Academy, 154, 69-92. The British Academy, 2008.

JESUS, Maria Gorete Marques de; OI, Amanda H.; ROCHA, Thiago T. da; LAGATTA, Pedro. *Prisão provisória e lei de drogas: um estudo sobre os flagrantes de tráfico de drogas na cidade de São Paulo*. São Paulo: Núcleo de Estudos sobre Violência, 2011. Disponível em: http://www.nevusp. org/portugues/index.php?option=com_content&task=view&id=251 3&Itemid=96. Acessado em: 26 de dezembro de 2011.

JESUS, Maria Gorete Marques de. *'O que está no mundo não está nos autos': a construção da verdade jurídica nos processos criminais de tráfico de droga*s. 2016. Tese (Doutorado em Sociologia) - Faculdade de Filosofia, Letras e Ciências Humanas, Universidade de São Paulo, São Paulo, 2016. Disponível em: <http://www.teses.usp.br/teses/ disponiveis/8/8132/tde-03112016-162557/>. Acesso em: 2016-12-19.

JONES, Graham M. *Secrecy*. Annu. Rev. Anthropol. 2014. 43:53–69.

KLEINMAN, Arthur. "The Violence of everyday life". In: *Violence and Subjectivity*. Edited by Veena Das, Arthur Kleinman, Mamphela Ramphele and Pamela Reynolds. University of California Press, 2000.

LEITE, Ilka Boaventura. "Questões éticas da pesquisa antropológica na interlocução com o campo jurídico". In: VICTORA, Ceres; OLIVEN, Ruben George; MACIEL, Maria Eunice; ORO, Ari Pedro (org.). *Antropologia e Ética*. Niterói, EdUFF, 2014.

LIMA, Roberto Kant de. *Sensibilidades jurídicas, saber e poder: bases culturais de alguns aspectos do Direito brasileiro em uma perspectiva comparada*. Anuário Antropológico/2009 - 2, 2010: 25-51.

————. *Cultura jurídica e práticas policiais: a tradição inquisitorial no Brasil*. In: Revista Brasileira de Ciências Sociais, Rio de Janeiro, v. 4, n. 10, p. 65-84, 1989.

————. *Polícia, justiça e sociedade no brasil: uma abordagem comparativa dos modelos de administração de conflitos no espaço público*. In: Revista de Sociologia e Política Nº 13: 23-38, nov. 1999.

LOPES, Aury; PAIVA, Caio. *Audiência de custódia e a imediata apresentação do preso ao juiz: rumo à evolução civilizatória do processo penal*. Publicação do Instituto Brasileiro de Ciências Criminais | nº 17 – setembro/dezembro de 2014 | ISSN 2175-5280.

MACHADO, Marta; MACHADO, Maira (coordenadoras), *Sispenas: Sistema de Consulta sobre Crimes, Penas e Alternativas à Prisão*. Brasília: Ministério da Justiça/Secretaria de Assuntos Legislativos, 2009.

MARCUS, George E. "Introduction: Notes Toward an Ethnographic Memoir of Supervising Graduate Research Through Anthropology's Decades of Transformation". In. FAUBION, James D.; MARCUS, George E. *Fieldwork is not What It Used to Be*. Ithaca, Cornell University Press, 2009.

MAUSS, Marcel. *A expressão obrigatória dos sentimentos*. In: OLIVEIRA, R.C. (Org.) Mauss. São Paulo: Ática, [1921]. 1979. p.147-53. (Grandes cientistas sociais, 11).

MELLO, Kátia Sento Sé; MOTA, Fábio Reis; SINHORETTO Jacqueline. "Para além da oposição entre direito e realidade social". In: MELLO, Kátia Sento Sé; MOTA, Fábio Reis; SINHORETTO, Jacqueline (organizadores). *Sensibilidades jurídicas e sentidos de justiça na contemporaneidade: interlocução entre antropologia e direito*. Niterói, RJ: Editora da UFF, 2013.

MENDES, Regina Lúcia Teixeira. *Igualdade à brasileira: cidadania como instituto jurídico no Brasil*. Revista de Ciências Criminais no. 13. PUC/RS, Porto Alegre: Notadez, 2004.

————. *Do princípio do livre convencimento motivado: legislação, doutrina e interpretação de juízes brasileiros*. Rio de Janeiro: Lumen Juris, 2012.

MIRANDA, Roberta Espindola. *A cultura do controle do crime: entre o Direito e a violência*. Dissertação de Doutorado, Universidade Federal de Santa Catarina, 2011.

MISSE, Michel. *O inquérito policial no Brasil: Resultados gerais de uma pesquisa*. DILEMAS: Revista de Estudos de Conflito e Controle Social - Vol. 3 - no 7 - JAN/FEV/MAR 2010 - pp. 35-50

MORAES, Maurício Zanoide de. *Ordem pública e presunção de inocência: possível compatibilização apenas em um novo sistema processual penal e por meio de uma nova hermenêutica*. Temas para uma Perspectiva Crítica do Direito: Homenagem ao Professor Geraldo Prado. Rio de Janeiro: Lumen Juris, 2010, p. 727-749.

OLIVEIRA, Antonio. *Os policiais podem ser controlados?* Sociologias, Porto Alegre, ano 12, no 23, jan./abr., p. 142-175, 2010.

OLIVEIRA, Luís Roberto Cardoso de. *A Dimensão Simbólica dos Direitos e a Análise de Conflitos*. In: Revista de Antropologia 53(2), Dossiê Antropologia do Direito, 2010.

————. "Concretude simbólica e descrição etnográfica (sobre a relação entre Antropologia e filosofia)". In: WERNECK, Alexandre. *Pensando Bem*. Estudos de Sociologia e Antropologia da Moral. Rio de Janeiro: Casa da Palavra, 2014a.

————. "Pesquisa em versus pesquisa com seres humanos". In: VICTORA, Ceres; OLIVEN, Ruben George; MACIEL, Maria Eunice; ORO, Ari Pedro (org.). *Antropologia e Ética*. Niterói, EdUFF, 2014b.

————. "Antropologia e moralidade". In: Revista Brasileira de Ciências Sociais número 24, volume 9, 1994. Disponível em: http://www.anpocs.org/portal/index.php?option=com_content&view=article&id=213:rbcs-24&catid=69:rbcs&Itemid=399 .

PAIVA, Caio. Na Série "Audiência de Custódia": conceito, previsão normativa e finalidades. Portal Justificando. Disponível em: http://justificando.com/2015/03/03/na-serie-audiencia-de-custodia-conceito-previsao-normativa-e-finalidades/. Acesso em abril de 2016.

PAIXÃO, Antônio Luiz & BEATO F., Claudio C. *Crimes, vítimas e policiais*. Tempo Social; Rev. Sociol. USP, S. Paulo, 9(1): 233-248, maio de 1997.

PEIRANO, Mariza. "A favor da Etnografia". In. PEIRANO, Mariza. *A favor da Etnografia*. Rio de Janeiro, ed. Relume Dumará, 1995.

PINC, Tania. *Abordagem policial: um encontro (des)concertante entre a polícia e o público*. Revista Brasileira de Segurança Pública, Ano 1, Edição 2, 2007.

PIRES, Álvaro. *La rationalité pénale moderne, la société du risque et la juridicisation de l'opinion publique*. Sociologie et Sociétés, Vol. 23, no 1, 2001

————. *A racionalidade penal moderna, o público e os Direitos humanos*. CEBRAP. Novos Estudos, São Paulo, n. 68, p. 39-60, 2004.

QUINTANEIRO, Tania; BARBOSA, Maria Ligia de Oliveira; OLIVEIRA, Márcia Gardênia de. *Um toque de clássicos: marx, durkheim e weber*. 2. ed., rev. e ampl Belo Horizonte, MG: Ed. UFMG, 2002.

RAMOS, Silvia; MUSUMECI, Leonarda. *Elemento suspeito: abordagem policial e discriminação na cidade do Rio de Janeiro.* Rio de Janeiro: Civilização brasileira, 2005.

RIFIOTIS, Theophilos. *Nos campos da violência: diferença e positividade.* Antropologia em Primeira Mão (19), Florianópolis, PPAS/UFSC 1997, pp.1-19.

———. *Dilemas éticos no campo da violência.* Comunicação & Educação, São Paulo, n. 13, p. 26-32, dec. 1998. ISSN 2316-9125. Disponível em: http://www.revistas.usp.br/comueduc/article/view/36823. Acesso em maio de 2018.

———. *Violência, Justiça e Direitos Humanos: reflexões sobre a judicialização das relações sociais no campo da "violência de gênero".* Cad. Pagu, Campinas, n. 45, p. 261-295, dezembro 2015.

RISSO, Melina Ingrid. *Da prevenção à incriminação: os múltiplos sentidos da abordagem policial.* Tese (Doutorado em Administração Pública) - Escola de Administração de Empresas de São Paulo da Fundação Getúlio Vargas (FGV), São Paulo, 2018. Disponível em: http://hdl.handle.net/10438/20728. Acesso em maio de 2018.

SANTOS, Vanessa Orban Aragão. *A influência do capital social: as redes de relações nos distritos policiais e nos Conselhos Comunitários de Segurança em São Paulo.* Dissertação (Mestrado). Departamento De Sociologia Universidade Estadual de Campinas Instituto de Filosofia e Ciências Humanas, 2012.

SARTI, Cynthia. *A vítima como figura contemporânea.* Cad. CRH, Salvador, v. 24, n. 61, p. 51-61, 2011.

———. *Corpo, violência e saúde: a produção da vítima.* Sexualidad, Salud y Sociedad - Revista Latinoamericana/ n.1 - 2009 - pp.89-103.

———. *A construção de figuras da violência: a vítima, a testemunha.* Horizontes antropológicos, Porto Alegre, ano 20, n. 42, p. 77-105, jul./dez. 2014.

SCHRITZMEYER, Ana Lúcia Pastore. "Antropologia Jurídica". In: Jornal Carta Forense. Ano III, n° 21, fevereiro de 2005.

———. *Formalmente sujeito de direitos, mas socialmente incapaz de efetivá-los. Etnografia de um Júri (São Paulo/ SP, 2008).* 36° Encontro Anual da Anpocs, 2008.

———. *Etnografia dissonante dos tribunais do júri.* São Paulo: Tempo Social, v. 19, n. 2, p. 111-129, nov. 2007.

———. *Controlando o poder de matar: uma leitura antropológica do Tribunal do Júri - ritual lúdico e teatralizado.* Tese (Doutorado em Antropologia Social) - Faculdade de Filosofia, Letras e Ciências Humanas, Universidade de São Paulo, São Paulo, 2002.

SCHUCH, Patrícia. "A moral em questão: a conformação de um debate em Antropologia". In: WERNECK, Alexandre. *Pensando Bem.* Estudos de Sociologia e Antropologia da Moral. Rio de Janeiro: Casa da Palavra, 2014.

SIMMEL, Georg. "El secreto y la sociedad secreta". In: *Sociologia 1 Estudios sobre las formas de socialización*. Madrid: Alianza Editorial, 1986.

SINHORETTO, Jaqueline; SILVESTRE, Giane; SCHILITTLER, Maria C. *Desigualdade Racial e Segurança Pública em São Paulo Letalidade policial e prisões em flagrante*. São Carlos: UFSCAR. 02 de abril de 2014. Link: http://www.ufscar.br/gevac/wp-.content/uploads/Sum%C3%A1rio-Executivo_FINAL_01.04.2014.pdf. Acessado em 28 de janeiro de 2016.

TEIXEIRA, Alessandra. *Construir a delinquência, articular a criminalidade: um estudo sobre a gestão dos ilegalismos na cidade de São Paulo*. Tese (Doutorado em Sociologia) - Faculdade de Filosofia, Letras e Ciências Humanas, Universidade de São Paulo, São Paulo, 2012.

TELLES, Vera. *Ilegalismos e jogos de poder em São Paulo*. Tempo Social (USP, impresso), v. 22, p. 39-59, 2010.

VARGAS, Joana D.; RODRIGUES, Juliana N.; *Controle e Cerimônia: o inquérito policial em um sistema de justice criminal frouxamente ajustado*. Revista Sociedade e Estado Volume 26 Número 1 janeiro/abril 2011.

VIANNA, Adriana; FARIAS, Juliana. *A guerra das mães: dor e política em situações de violência institucional*. Cadernos Pagu, Campinas, n. 37, p. 79-116, Dec. 2011.

WEBER, Max. *A objetividade do conhecimento nas ciências sociais*. In: COHN, Gabriel (Org.). FERNANDES, Florestan (Coord.). Weber – Sociologia. Coleção Grandes Cientistas Sociais, 13. São Paulo: Ática, 1999, p. 79-127.

WIEVIORKA, Michel. *Violência hoje*. Ciência & Saúde Coletiva, 11(Suppl.), 1147-1153, 2006.

ZACCONE, Orlando. *Indignos da vida: a desconstrução do poder punitivo*. Revan, Rio de Janeiro, 2005.

ZALUAR, Alba. *A criminalização das drogas e o reencantamento do mal*. In: Alba Zaluar (Org.), Drogas e cidadania: repressão ou redução de riscos. São Paulo: Brasiliense, 2008.

ANEXO I
TERMO O DE CESSÃO DE DADOS DE PESQUISA DO IDDD PARA A PESQUISADORA

ANEXO 1
Termo de cessão de dados de pesquisa

*As informações foram ocultadas, para preservação de dados pessoais e institucionais, mas o conteúdo do Termo para cessão de dados de pesquisa é idêntico ao assinado pelas partes.

O presente termo tem como objeto a cessão de dados coletados para a pesquisa de *Monitoramento das Audiências de Custódia em São Paulo*, realizada durante o ano de 2015 e 2016, de propriedade do **Instituto de Defesa do Direito de Defesa (IDDD)**, (dados institucionais), para a pesquisadora que realizou o monitoramento, **Ana Luiza Villela de Viana Bandeira**, (dados pessoais).

Estabelecem que:

1.   Os dados coletados compreendem: anotações sobre as audiências de custódia assistidas, a etnografia realizada no Fórum Criminal da Barra Funda, os dados retirados dos processos criminais consultados e as entrevistas semi-estruturadas, que poderão ser usados pela pesquisadora para fins acadêmicos pessoais;

2.   O Instituto de Defesa do Direito de Defesa não influirá nos resultados das pesquisas que serão realizadas pela pesquisadora, assim como a pesquisadora se compromete a não utilizar o nome do Instituto para vincular suas opiniões e seus resultados individuais;

3.   As entrevistas realizadas pela pesquisadora em nome do Instituto poderão ser usadas como dados acadêmicos, desde que mantidos os mesmos termos assinados pelos entrevistados, quais sejam: confidencialidade, anonimato e comprometimento de manter a integralidade do que foi dito, sem modificação das falas;

4.   A pesquisadora se compromete a mencionar em seus trabalhos que a *coleta* dos dados foi realizada pelo Instituto, evidenciando que as opiniões emitidas em seus trabalhos pessoais são de autoria exclusiva da pesquisadora, que não se confundem ou representam a opinião do Instituto;

5.   A pesquisadora se compromete a utilizar esses dados somente para fins acadêmicos, se obrigando a não repassar nenhum dos dados para terceiros.

Por esse termo, acordam as partes.

São Paulo, 20 de maio de 2016.

_____
Pesquisadora: Ana Luiza Villela de Viana Bandeira

_____
Presidente do Instituto de Defesa do Direito de Defesa

ANEXO II
FORMULÁRIO PARA OBTENÇÃO DE
DADOS EM AUDIÊNCIAS DE CUSTÓDIA

Instrumento elaborado pela equipe do Instituto de Defesa do Direito de Defesa, utilizado entre maio de 2015 e dezembro de 2015.

A primeira parte visa coletar informações a serem retiradas dos autos escritos e a segunda parte registram informações obtidas durante a audiência.

De maio até agosto, eram utilizadas folhas de papel para o preenchimento dos dados. A partir de agosto, esse formulário foi transformado em uma versão digital, que preenchia a tabela automaticamente.

FORMULÁRIO – ACESSO AOS AUTOS

Pesquisador(a):	N°. de controle:
Nome do preso(a):	
Data e hora da audiência de custódia: __/__/____ ____: _____	Sala de audiência:
Juiz(a):	Promotor(a):
Defensor(a) Público(a):	Advogado(a):
N° processo:	

1.   DADOS SOCIOECONÔMICOS

1. Idade do preso _____

2. Cor do preso? [ ] Preta [ ] Parda [ ] Branca [ ] Amarela [ ] Indígena

3. Estrangeiro? [ ] Não [ ] Sim País de origem: _____

4. Naturalidade: _____

5. Estado civil: [ ] solteiro [ ] casado [ ] amasiado [ ] separado/ divorciado [ ] viúvo

6. Escolaridade: [ ] fundamental incompleto [ ] fundamental completo [ ] 1º grau incompleto [ ] 1º grau completo [ ] 2º grau incompleto [ ] 2º grau completo [ ] ensino superior

7. Profissão: _____

8. Residência fixa: _____

9. Renda: [ ] Menos de um salário mínimo [ ] Um salário mínimo [ ] Dois salários mínimos [ ] Mais de dois salários mínimos [ ] Inexistente [ ] Auxílio do governo

2. DO AUTO DE PRISÃO EM FLAGRANTE

10. Data da prisão: __/__/__

11. Hora da prisão: ___:___

12. Local da ocorrência: [ ] Via pública [ ] Estabelecimento comercial [ ] Residência

13. Advogado presente na Delegacia: [ ] Sim [ ] Não

14. Crime que deu origem ao flagrante:
[ ] Tráfico
[ ] Roubo
[ ] Furto
[ ] Receptação
[ ] Outros – Especificar: _____

15. O preso deu sua versão dos fatos na delegacia? [ ] Sim [ ] Não, ficou calado

16. A vítima reconheceu o preso? [ ] Sim [ ] Não

17. Há menção ao uso de arma em algum depoimento? [ ] Sim Qual: _____ [ ] Não

18. Houve apreensão de arma ? [ ] Sim Qual: _____ [ ] Não

19. Houve apreensão de droga?

[ ] Não [ ] Sim Qual? [ ] Maconha [ ]
  Cocaína [ ] Crack [ ] Outras

20. Foi preso por: [ ] Polícia Militar [ ] Polícia Civil [ ] Guarda
Metropolitana [ ] Polícia Federal [ ] outro

21. Qual a razão da abordagem:

[ ] atitude suspeita

[ ] denúncia anônima

[ ] ponto de tráfico

[ ] denúncia identificada

[ ] interceptação telefônica

[ ] investigação prévia

[ ] agente infiltrado

[ ] mandado de prisão

22. O preso confessou na Delegacia? [ ] sim [ ] não

23. Há testemunhas no flagrante além dos policiais [ ] sim [ ] não

24. Houve participação de menores nos fatos investigados

[ ] sim [ ]não

25. Há antecedentes criminais? (registrar inquérito policial, sentença
transitada em julgado ou outros)

_____

26. Há encaminhamento para apuração de violência policial?

_____

ANEXO III
FORMULÁRIO PARA OBTENÇÃO
DE DADOS SOBRE INQUÉRITO
POLICIAL E ENCAMINHAMENTOS

Instrumento elaborado pela equipe do Instituto de Defesa do Direito de Defesa, utilizado entre maio de 2015 e dezembro de 2015.

A primeira parte visa coletar informações a serem retiradas dos autos escritos e a segunda parte registram informações obtidas durante a audiência.

De maio até agosto, eram utilizadas folhas de papel para o preenchimento dos dados. A partir de agosto, esse formulário foi transformado em uma versão digital, que preenchia a tabela automaticamente.

FORMULÁRIO – AUDIÊNCIA DE CUSTÓDIA

Pesquisador(a):	Nº. de controle:
Nome do preso(a):	
Data e hora da audiência de custódia: __/__/_____:_____	Sala de audiência:
Juiz(a):	Promotor(a):
Defensor(a) Público(a):	Advogado(a):
Nº processo:	

3.   NA AUDIÊNCIA DE CUSTÓDIA

27. A pessoa foi presa nas últimas 24 horas?

[ ] Sim [ ] Não - Há quanto tempo está presa? _____

28. Quantas pessoas foram presas?

[ ] 1 [ ] 2 [ ] 3 [ ] 4 ou [ ] mais

a. A audiência foi a mesma para todas? [ ] Sim [ ] Não, em separado

b. A decisão de decretação de prisão preventiva/con-
cessão de liberdade provisória/relaxamento do flagrante foi a mesma para todas? [ ] Sim [ ] Não

29. A pessoa presa estava algemada durante a audiência?

[ ] Sim [ ] Não

a. Alguém (MP, defensor, juiz) pediu para
que fossem retiradas as algemas?

[ ] Sim [ ] Não

b. O pedido foi deferido? [ ] Sim [ ] Não

30. Durante a audiência, havia agentes (PM, agentes penitenciários)
na sala? [ ] Sim [ ] Não [ ]

31. O juiz explicou por qual crime a pessoa foi presa?

[ ] Sim [ ] Não

32. O juiz explicou a finalidade da audiência de custódia?

[ ] Sim [ ] Não

33. O juiz fez as seguintes perguntas?

a. Circunstâncias em que foi aprendido (por que,
onde, o que fazia lá): [ ] Sim [ ] Não

b. Idade do acusado: [ ] Sim [ ] Não

c. Residência fixa: [ ] Sim [ ] Não

d. Trabalho do acusado: [ ] Sim [ ] Não

e. Se o trabalho é formal ou informal:

[ ] Sim, R: _____ [ ] Não

f. Com quem mora: [ ] Sim, R: _____ [ ] Não

g. Gravidez (anotar se a gravidez era visível): [ ] Sim [ ] Não

h. Se tem filhos ou dependentes financeiros: [ ]
Sim, R: _____ [ ] Não

i. Antecedentes? [ ] Sim [ ] Não [ ] Afirmou sem perguntar

j. Escolaridade? [ ] Sim [ ] Não

k. Renda? [ ] Sim [ ] Não

l. Estado civil? [ ] Sim [ ] Não

m. Local da ocorrência: [ ] Sim [ ] Não

n. Uso de drogas: [ ] Sim, R: _____ [ ] Não

o. Em caso de uso de drogas, se deseja fazer tratamento: [ ] Sim [ ] Não
R: [ ] Sim [ ] Não [ ] Já está em tratamento

p. Mérito dos fatos (perguntou sobre detalhes)?

[ ] Sim, explorou os fatos [ ] Sim, depois ouviu em silêncio

[ ] Não, ouviu em silêncio (relato espontâneo)

[ ] Não, pediu para a pessoa presa não relatar fatos

34. Alguma das respostas às questões enumeradas acima foi utilizada pelo MP em suas considerações finais? [ ] Sim R: _____ [ ] Não

35. Alguma das respostas às questões enumeradas acima foi utilizada pela defesa em suas considerações finais? [ ] Sim R: _____ [ ] Não

36. Alguma das respostas às questões enumeradas acima foi utilizada pelo juiz em sua decisão relativa à necessidade/legalidade da prisão? [ ] Sim R: _____ [ ] Não

37. Houve menção a maus antecedentes? [ ] Não
Sim: [ ] pelo juiz [ ] pelo promotor [ ] pelo defensor/advogado [ ] outra pessoa R:_____

a. Se sim, como foi mencionado?

[ ] Inquérito em andamento

[ ] Processo em andamento

[ ] Condenação transitada em julgado em cumprimento

[ ] Condenação transitada em julgado com pena já cumprida

[ ] Passagem pela Fundação CASA (infância e juventude)

[ ] Passagem pela audiência de custódia

[ ] outro, R: _____

38. Durante a audiência a pessoa presa confessou que cometeu o crime?

[ ] Sim, espontaneamente

[ ] Sim, porque pressionado pelo juiz

[ ] Sim, porque pressionado pelo promotor

[ ] Não confessou

[ ] Negou a prática do crime

39. A audiência contribuiu para esclarecer eventual erro na identidade da pessoa presa?

[ ] Sim R: _____ [ ] Não

40. A audiência contribui para esclarecer/diagnosticar algum problema de saúde (físico ou psíquico) ou gravidez?

Sim: [ ] R: _____ [ ] Não

41. No caso de arbitramento de fiança pelo delegado:

a. Houve reconsideração de fiança na audiência?

[ ] não, permaneceu o valor arbitrado pelo delegado

[ ] sim, diminuiu o valor [ ] sim, aumentou o valor [ ] sim, houve isenção total

b. Qual foi o valor final arbitrado pelo juiz em audiência? R: _____

42. Qual foi o pedido formulado pelo Ministério Público?

[ ] relaxamento do flagrante

[ ] decretação da prisão preventiva

[ ] liberdade provisória sem medida cautelar

[ ] liberdade provisória com fiança

[ ] liberdade provisória com outra medida cautelar

[ ] liberdade provisória com fiança e outra medida cautelar

[ ] liberdade provisória encaminhando ao CEAPIS

43. Se pedida medida cautelar diversa da fiança, qual medida foi pedida?

[ ] comparecimento periódico em juízo

[ ] proibição de acesso ou frequência a determinados lugares

[ ] proibição de manter contato com pessoa determinada

[ ] proibição de ausentar-se da comarca

[ ] recolhimento domiciliar em período noturno

[ ] suspensão do exercício da função pública

[ ] internação provisória

[ ] monitoramento eletrônico

[ ] prisão domiciliar

[ ] outras, R: _____

3.   DA DECISÃO DO JUIZ

44. Decisão do juiz da audiência:

[ ] relaxamento do flagrante

[ ] decretação da prisão preventiva

[ ] liberdade provisória sem medida cautelar

[ ] liberdade provisória com fiança

[ ] liberdade provisória com outra medida cautelar

[ ] liberdade provisória com fiança e outra medida cautelar

45. Se aplicada medida cautelar diversa da fiança, qual medida foi aplicada?

[ ] comparecimento periódico em juízo

[ ] proibição de acesso ou frequência a determinados lugares

[ ] proibição de manter contato com pessoa determinada

[ ] proibição de ausentar-se da comarca

[ ] recolhimento domiciliar em período noturno

[ ] suspensão do exercício da função pública

[ ] internação provisória

[ ] monitoramento eletrônico

[ ] prisão domiciliar

[ ] encaminhamento ao centro de assistência

46. Como o juiz apresentou sua decisão à pessoa presa?

[ ] Apenas comunicou o resultado

[ ] Explicou seus motivos

[ ] Não disse nada à pessoa presa

47. Caso o juiz tenha mencionado sua decisão oralmente, qual a fundamentação apresentada?

[ ] reincidência

[ ] maus antecedentes

[ ] gravidade abstrata do delito

[ ] gravidade concreta do delito

[ ] ausência de residência fixa

[ ] falta de comprovação de emprego

[ ] risco de fuga

[ ] risco para o processo

[ ] outro: R: _____

48. Como a decisão foi materializada: [ ] Áudio [ ] Vídeo [ ] Taquigrafia [ ] Reduzida a termo

4.   DO DIREITO DE DEFESA

49. Em que momento o preso (a) foi instruído e se comunicou com seu defensor?

[ ] Antes da audiência [ ] Durante a audiência [ ] Na delegacia

50. Em que local se deu a conversa com o advogado/defensor?

[ ] Na carceragem [ ] Em sala reservada [ ] Na porta da sala de audiência/corredor

[ ] Na delegacia [ ] Outro, R: _____

51. Quanto tempo durou esta conversa? _____

52. O contato com o advogado/defensor foi reservado? [ ] Sim [ ] Não, a escolta estava junto

5.   DOS MAUS TRATOS E TORTURA

53. O preso foi perguntado sobre maus tratos, agressões físicas, tortura e ameaças durante a prisão?

[ ] Sim, pelo juiz [ ] Sim, pelo MP [ ] Sim, pela defesa

[ ] Não [ ] Não, mas falou espontaneamente

54. O preso relatou maus tratos, agressões físicas, tortura e ameaças durante a prisão?

[ ] Sim [ ] Não [ ] Relatou fatos confusos

55. Em caso de relato de maus tratos, agressões físicas, tortura e ameaças pelo preso, a quem ele imputou a acusação:

[ ] Polícia Militar [ ] Polícia Civil [ ] Guarda Metropolitana

[ ] Segurança privado [ ] outros, R:_____

56. Em caso de relato de maus tratos, agressões físicas, tortura e ameaças pelo preso, onde, segundo o preso, teria se dado a agressão:

[ ] Na rua [ ] Na viatura [ ] Na delegacia [ ] Na unidade prisional [ ] Na carceragem do fórum

[ ] outros, R: _____

57. Havia indícios físicos (hematomas, machucados, membros quebrados, cortes) que evidenciam alguma agressão que pode ter ocorrido no momento da prisão?

[ ] Sim R: _____ [ ] Não

58. Qual foi o procedimento adotado pelo juiz após a identificação de abuso?

[ ] Encaminhou ofício ao órgão competente

[ ] Qual órgão _____

[ ] Não encaminhou ofício ao órgão competente

[ ] Outro pronunciamento

Nº do procedimento aberto: _____

59. Em caso de agressão, o preso foi atendido por um médico?

[ ] Sim, antes da audiência [ ] Sim, depois da audiência

[ ] Não [ ] Informação desconhecida

editoraletramento		editoraletramento.com.br	
editoraletramento		company/grupoeditorialletramento	
grupoletramento		contato@editoraletramento.com.br	
casadodireito.com		casadodireitoed	casadodireito